노년부
성경공부
V-2

노년을 위한 성경의 파노라마

말씀 청춘

대한예수교장로회총회교육자원부 편

한국장로교출판사

머리말

노년을 대상으로 한 성경공부 교재인 "말씀청춘" 시리즈를 출판하게 됨을 하나님 앞에 감사드린다.

지금까지 많은 이들이 교회학교를 영아부부터 청년부까지만이라고 오해하는 경우가 종종 있어 왔지만 실제로 교회학교는 모든 연령대를 포함하는 교회의 교육목회를 담당하여 왔다. 더군다나 100세 시대인 요즘 교회학교는 장년부와 노년부를 포함하여 모든 연령대를 교회학교의 범주에 편입시키고 있다. 이런 면에서 노년부 성경공부 교재인 "말씀청춘" 시리즈의 출간은 교회학교 내에 노년부가 신앙적으로 건강하게 운영되도록 돕게 될 것이다.

우리 총회는 노년부 교재를 몇 차례에 걸쳐 개발하였다. "하늘향기" 시리즈와 "하늘잔치" 시리즈가 그 대표적인 교재들이다. 그리고 성경의 파노라마로 펼쳐지는 "말씀청춘"이 시리즈로 출간되고 있다.

교재가 나오기까지 수고하여 주신 분들에게 감사드린다. 성경의 파노라마 요목을 위해 수고해 주신 교육목회실천협의회 정영택 증경총회장님과 홍정근 목사께 감사드리며 바쁘신 가운데도 좋은 글로 함께해 주신 집필자 여러분들께도 깊은 감사를 드린다. 본 교재가 나오기까지 수고하신 교육목회실천협의회 문재진 목사와 총회교육훈련처 이미숙 목사, 김의현 목사 그리고 한국장로교출판사 사장 박창원 장로와 직원 여러분에게도 감사를 드린다.

2022년 6월

대한예수교장로회총회 교육훈련처

총무 **김명옥** 목사

말씀청춘 둘러보기

둘러보기 1. 어떻게 구성되었나요?

노년기의 관점에서 신구약 성경 전체를 구속사적 흐름을 따라 바라볼 수 있도록 26과로 진행되어 말씀 안에서 지속적인 신앙성장에 도움이 되도록 했습니다.

각 과는 네 단계의 과정으로 되어 있고 30분~40분 동안 진행할 수 있습니다. 각 과는 오늘의 말씀을 읽고 함께 찬송을 부르며 시작합니다. 구성은 다음과 같습니다.

1. **마음을 여는 글** 예화를 통해 자신의 삶을 돌아보고 마음을 엽니다.
2. **말씀 속으로** 말씀 속에서 하나님의 뜻을 발견합니다.
3. **생활 속으로** 말씀을 우리의 삶에 적용하고 실천할 수 있는 활동을 함께 나눕니다.
4. **시편으로 드리는 기도** 깨달은 말씀을 마음에 새기며 하나님의 도우심을 구합니다.

둘러보기 2. 어떤 내용을 다룰까요?

노년부 교재라는 특성을 고려하여 아래와 같은 내용을 선정하여 다루고 있습니다.

1. 성경 전체를 구속사의 관점에서 바라볼 수 있도록 하였습니다.
2. 성경의 연대기를 반영하여 쉽게 이해하도록 하였습니다.
3. 성경인물의 이야기와 삶을 다양하게 반영하였습니다.
4. 삶의 지혜를 담고 있는 본문을 중심으로 합니다.
5. 전반기는 사순절과 부활절, 후반기는 추수감사절과 성탄절 절기를 반영하였습니다.

둘러보기 3. 어떻게 활용할까요?

본 교재는 실제 삶의 자리에서 일어나는 많은 일들을 소재로 하는 예화를 통해 서로 진솔하게 이야기를 나누고 성경을 통하여 우리의 모습을 성찰하고 결단하여 깨달은 내용을 실천할 수 있도록 쓰였습니다. 각 교회의 사정에 따라 효율적으로 활용할 수 있는 다양한 방법을 다음과 같이 제안합니다.

1. 소그룹으로 나누어 진행해요.

* 5-7명이 한 개의 소그룹을 이루면 가장 좋습니다.
* 서로 비슷한 연령대의 사람들을 같은 소그룹에 편성해 주면 서로 공감대를 형성하는 데 도움이 됩니다.
* 그룹원 중에 역할을 나누어 줍니다.

① 조장 : 전체공지사항 전달, 단체 SNS 활성화

② 도우미 : 간식준비, 사진관리, 모임장소, 준비물 확인

2. 매주 진행해요.

1년 동안 매주 1회 진행할 수 있도록 구성하였습니다. 교회에 사정에 따라 유동적으로 진행하시기 바랍니다.

3. 온라인 SNS를 활용해요.

* 함께 성경공부와 QT를 함께 나눈다는 마음으로 동참합니다.
* 도움이 되는 찬양이나, 서적, 신문 기사나 동영상을 올려 줍니다.
* 매일 한 명씩 담당자를 정해 기도문이나 찬양을 올리도록 합니다.
* 공지사항을 전달하거나 확인합니다.
* 가정에서의 실천사항을 인증사진이나 후기로 올려 구성원들과 공유합니다.
* 함께하는 사람들과 시간을 정하여 중보기도 모임을 갖습니다.

4. 서로를 위해 기도하며 진행해요.

<table>
<tr><th>이름</th><th colspan="4">함께 품고 함께 기도해요.</th></tr>
<tr><td rowspan="3"></td><td>가족</td><td></td><td>가족 연락처</td><td></td></tr>
<tr><td>연락처</td><td></td><td>메일주소</td><td></td></tr>
<tr><td>기도제목</td><td colspan="3"></td></tr>
</table>

5. 이것만은 꼭 약속해요!

모임의 원활한 진행과 활성화를 위해 다음의 다섯 가지 약속을 함께 다짐하며 힘차게 출발합시다. 추가로 더 약속을 정하여도 좋습니다.

나 ______________는 성경공부에 다음과 같이 성실히 임할 것을 약속합니다.

20 년 월 일

내 용	서약
약속 1. 모임시간 지키기	
약속 2. 마치는 시간 지키기	
약속 3. 주제에서 벗어난 내용은 자제하기	
약속 4. 진실되게 말씀 앞에 마음을 오픈하기	
약속 5. 함께 나눈 대화내용은 절대! 비밀 보장하기	

다섯 가지 약속과 함께 행복한 말씀청춘이 되기 위해 함께 읽도록 합니다.

우리는 행복한 말씀청춘!

1. 다양한 사람들이 한 성령님 안에서 아름다운 공동체를 이룹니다.
2. 기쁜 일, 슬픈 일이 생겼을 때 자기 일같이 나서서 서로를 챙깁니다.
3. 모일 때마다, 서로의 기도 제목을 내어 놓고 기도합니다.
4. 모일 때마다, 서로 격려하고 칭찬합니다.
5. 모일 때마다, 세상 이야기보다 영적인 이야기에 집중합니다.
6. 모일 때마다, 말씀을 배우려는 마음의 자세를 가집니다.
7. 모일 때마다, 참석하지 않은 분의 가정 분위기를 파악하고 대처합니다.
8. 모일 때마다, 새로 온 분이나 믿음이 어린 분을 항상 배려합니다.
9. 모일 때마다, 함께 성경공부하는 분들의 영적 성장과 건강을 위해 기도합니다.
10. 모일 때마다, 참석한 모든 사람이 한 마디 이상씩 자신의 생각을 이야기하도록 합니다.

차례

제27과 우리를 도우시는 하나님 : 사무엘 이야기 1

[오늘의 말씀 _ 사무엘상 7 : 12]

사무엘이 돌을 취하여 미스바와 센 사이에 세워 이르되 여호와께서 여기까지 우리를 도우셨다 하고 그 이름을 에벤에셀이라 하니라

[찬송 _ 찬송가 384장(통 434장) 1절]

나의 갈 길 다가도록 예수 인도하시니
내 주 안에 있는 긍휼 어찌 의심하리요
믿음으로 사는 자는 하늘 위로 받겠네
무슨 일을 만나든지 만사형통하리라
무슨 일을 만나든지 만사형통하리라

[삶을 나눠요]

누군가의 도움이 꼭 필요했던 때를 생각해 보고, 서로 나누어 보십시오.

마음을 여는 글

어느 초등학교에서 "백설공주" 연극을 준비하면서, 누구나 맡고 싶어 하는 백설공주 역을 선생님이 시켰는데도 그 역할을 사양한 학생이 있었습니다. 나중에 그 이유를 알고 보니 그 학생은 자기를 죽이려는 사람에게 살려달라고 애원하기 싫어서 그랬다고 합니다. 우리는 누구에게 도움을 요청하고 살아가고 있는지 생각해 봅시다.

말씀 속으로

이스라엘에 왕이 있기 전 다스리던 사람들을 보통 "사사"라 부르는데, 흔히 마지막 사사를 사무엘이라고 합니다. 그는 블레셋의 침략을 받았을 때 무기를 준비하여 전쟁을 준비한 것이 아니라 이렇게 했습니다.

첫째, 전심으로 하나님께로 돌아가야 한다(3-4절)고 선포하며 우상을 제거하고 하나님만을 섬기는 자세를 촉구했습니다. 이에 백성들이 우상을 버리고 하나님만 섬기는 태도를 갖습니다.

둘째, 경건한 예배의 삶을 회복할 것을 전했습니다(5-9절). 하나님만 섬긴다는 것은 경건한 예배자의 삶을 회복하는 것입니다. 이는 함께 모여 여호와께 기도하고, 금식하고, 부르짖고, 회개하는 것입니다. 사무엘은 백성들에게 미스바로 모이라 하고 이스라엘 백성들을 위해 기도했습니다. 그리고 이스라엘 백성들은 금식했습니다. 사무엘이 이스라엘을 다스리는 동안 이러한 경건한 예배 공동체의 모습을 가졌습니다. 이것은 단순한 예배의 형식이 아니라 그들의 삶, 공동체 속에서 이루어진 것입니다.

그러자 하나님의 도움이 실제적으로 나타났습니다(10-12절). 이스라엘 백성들이 예배 공동체를 이루어 기도할 때 하나님은 블레셋 군대를 큰 우뢰를 통해 어지럽히시고, 승리를 허락해 주셨습니다. 사무엘은 여기까지 하나님께서 도우셨다는 의미로 "에벤에셀"이라고 고백하고 기념비를 세웠습니다. 사무엘과 이스라엘 백성들 그리고 오늘 우리들이 깨닫고 고백해야 할 것은 "에벤에셀"입니다.

자! 조용하지만 뜨겁게 마음속으로 "에벤에셀 하나님"을 고백해 봅시다.

지금도 우리가 "에벤에셀" 하나님을 믿고 나아갈 때 나를 도우시는 하나님과 함께 승리할 수 있습니다.

1. 오늘 나눈 말씀 가운데 특별히 마음에 와닿은 구절이나 배움을 통하여 깨달은 점이나 느낀 점이 있다면 무엇이었습니까?
2. 사무엘처럼 하나님의 도움을 받기 위해 우리가 갖추어야 할 것은 무엇이라고 생각하십니까?

생활 속으로

흔히 사람을 사회적 동물이라고 하는데, 이는 사람이 홀로일 수 없다는 것입니다. 그래서 돕는 배필(사람)이 필요합니다. 내가 어려울 때, 외로울 때, 아플 때, 가난할 때 누가 돕는 사람이 될 수 있겠습니까?

찬송가 481장을 작사한 헨리 프란시스 라이트(Henry Francis Lyte)는 "날 돕는 주여 함께하소서"라고 고백했습니다.

우리도 ______________________________ 때 "날 돕는 주여 함께하소서."라고 기도해 봅시다.

시편으로 드리는 기도

시편 70 : 1~5

하나님, 내게 임하소서. 주는 나의 도움이시며 건지시는 하나님이십니다. 이 믿음이 흔들리지 않게 하소서. 아멘.

제28과 영원한 나라를 약속하신 하나님 : 사무엘 이야기 2

[오늘의 말씀 _ 사무엘하 7 : 13]

그는 내 이름을 위하여 집을 건축할 것이요 나는 그의 나라 왕위를 영원히 견고하게 하리라

[찬송 _ 찬송가 208장(통 246장) 1절]

내 주의 나라와 주 계신 성전과
피 흘려 사신 교회를 늘 사랑합니다

[삶을 나눠요]

"에벤에셀"이라는 말의 뜻은 무엇입니까?

"아! 이것은 하나님의 도움이었구나." 하는 깨달음이 지난 주간에 있었는지 서로 나누어 보십시오.

마음을 여는 글

우리는 드라마나 역사 이야기를 통해 태조 이성계와 태종 이방원과의 관계를 잘 압니다. 특히 이방원은 자신 다음에 왕이 나라를 잘 다스리게 하려고 방해가 되는 걸림돌을 제거하고 기초를 세웁니다. 그래서 아들의 나라가 잘되게 하려고 했고, 그 왕이 바로 세종 임금입니다.

말씀 속으로

사무엘이 하나님의 은혜로 나라를 다스린 후에 사울이 이스라엘의 첫번 째 왕이 되었습니다. 그리고 다윗이 여러 해 동안 피난살이, 전쟁 등을 많이 치르고 이스라엘의 왕이 되었습니다. 여호와께서 주위의 모든 원수를 무찔러 주셔서 다윗이 궁에서 평안히 살게 하십니다(삼하 7 : 1). 그리고 "그의 나라 왕위를 영원히 견고하게 하리라"(삼하 7 : 13)라고 약속하십니다. 이는 다윗이 훌륭하고 죄가 없기 때문일까요? 아닙니다. 그 이유는 아주 간단합니다.

첫째, 다윗은 그의 마음에 늘 하나님이 계셨습니다. 즉 마음에 성전이 지어진 사람입니다. "나는 백향목 궁에 살거늘 하나님의 궤는 휘장 가운데에 있도다"(삼하 7 : 2)에서 보듯이 자신이 살고 있는 자리가 평안해도 그 중심에는 하나님, 하나님의 장막, 하나님의 궤에 대한 생각으로 가득 차 있었습니다. 다시 말씀드리지만, 하나님을 모시는 마음의 성전이 되어 있었다는 것입니다.

둘째, 보이는 성전을 짓고자 했습니다. 자신이 살고 있는 궁궐보다 더 좋은 하나님의 집을 짓는 일을 행해야 되겠다는 것입니다. 물론 다윗이 성전을 짓지는 못했지만, 하나님의 집을 지을 준비를 아주 헌신적으로 감당했습니다.

셋째, 하나님의 뜻을 겸손하게 받아들였습니다. 다윗이 하나님의 집을 짓겠다고 했을 때 선지자 나단도 이를 좋게 생각했습니다. 하지만 하나님은 나단에게 다윗의 아들을 통해서 성전을 짓게 하겠다고 말씀하셨습니다. 다윗은 하나님의 말씀을 듣고 오히려 하나님께 감사드리고, 훗날 솔로몬에게 성전을 짓지 못한 것이 자신이 피를 많이 흘렸기 때문이라고 고백합니다(대상 28 : 3). 하나님께서는 이런 다윗에게 "나는 그의 나라 왕위를 영원히 견고하게 하리라"(삼하 7 : 13), "네 집과 네 나라가 내

앞에서 영원히 보전되고 네 왕위가 영원히 견고하리라"(삼하 7 : 16)라고 약속해 주십니다.

1. 오늘 나눈 말씀 가운데 특별히 마음에 와닿은 구절이나 배움을 통하여 깨달은 점이나 느낀 점이 있다면 무엇이었습니까?
2. 다윗처럼 하나님의 영원한 약속을 가지고 살기 위해서 내가 갖추어야 할 것은 무엇입니까?

생활 속으로

1. 사람은 누구나 잘되기를 원하고 그것이 지속되기를 원합니다. 그러기 위해서 우리가 갖추어야 할 것이 무엇인지 나누어 봅시다.
2. 내 마음에 하나님 중심의 성전이 지어지도록 일상 속에서 하나님의 뜻을 어떻게 받아들여야 합니까? 간략하게 적어 봅시다.

시편으로 드리는 기도

시편 33 : 8~12

하나님, 여호와를 나의 하나님으로 온전히 삼아 영원히 서고, 대대로 하나님의 함께하심의 날이 이어지게 하소서. 여호와를 자기 하나님으로 삼는 교회, 국가가 되게 하소서. 아멘.

제29과 언약을 지키시고 은혜를 베푸시는 하나님

[오늘의 말씀 _ 열왕기상 8 : 23하]

주께서는 온 마음으로 주의 앞에서 행하는 종들에게 언약을 지키시고 은혜를 베푸시나이다

[찬송 _ 찬송가 302장(통 408장) 1절]

내 주 하나님 넓고 큰 은혜는 저 큰 바다보다 깊다
너 곧 닻줄을 끌러 깊은 데로 저 한가운데 가보라
언덕을 떠나서 창파에 배 띄워 내 주 예수 은혜의 바다로 네 맘껏 저어 가라

[삶을 나눠요]

하나님의 가장 큰 은혜란 무엇인지 서로 나누어 봅시다.

마음을 여는 글

영국의 빅토리아 여왕이 세운 양로원에 한 할머니가 있었습니다. 어떤 사람이 할머니에게 "빅토리아 여왕이 당신을 종종 방문합니까?" 하고 물었습니다. 할머니는 "네, 나는 몇 번 여왕의 심방을 받았습니다." 하고 대답했습니다. 그 사람이 다시 한 번 할머니에게 물었습니다. "왕 중의 왕이신 예수님이 당신을 심방한 일이 있습니까?" 이 질문에 할머니는 "무슨 말입니까? 난 심방을 받지 않습니다. 나는 그분과 항상 여기서 같이 삽니다."라고 말했다고 합니다. 할머니 말씀처럼 주님은 우리와 항상 같이 계십니다.

말씀 속으로

솔로몬의 가장 중요한 업적은 성전 건축이었습니다. 아버지 다윗의 뜻을 이어받아 솔로몬은 성전 건축에 열과 성을 다했습니다. 그리고 여호와의 언약궤가 지성소에 들어가는 것으로 성전 건축이 완성됩니다. 이때 하나님의 영광의 상징인 구름이 여호와의 성전에 가득했습니다. 이것은 모세가 성막을 완성했을 때와 같은 현상이었습니다. 솔로몬이 건축한 성전에 여호와의 영광이 가득했다는 것은 하나님께서 그 성전을 받으셨다는 징표였습니다. 솔로몬은 성전을 받으신 하나님께 기도드립니다. 이 솔로몬의 기도에는 하나님께서 어떤 분인지 잘 드러납니다.

하나님은 언약을 지키시는 분입니다

사무엘하 7장에는 하나님께서 다윗과 언약을 맺으시는 이야기가 등장합니다. 이 언약을 소위 '다윗 언약'이라고 부릅니다. 이 다윗 언약의 핵심은 크게 두 가지입니다. 첫째, 하나님께서 다윗 왕조를 세우시겠다는 것입니다. 둘째, 하나님께서 다윗의 후손으로 하나님을 위한 성전을 건축하시겠다는 것입니다. 다윗의 아들 솔로몬은 이 언약을 아버지 다윗으로부터 들어 잘 알고 있었습니다. 그래서 솔로몬은 아버지 다윗을 이어 왕이 되고, 성전 건축을 완성한 후 언약을 지키신 하나님께 감사의 기도를 드립니다. 그렇습니다. 하나님은 언약을 지키시는 분입니다. 우리는 하나님께 신실하지 못하지만, 하나님께서는 우리에게 항상 신실하신 분입니다.

하나님은 은혜를 베푸시는 분입니다

하나님의 백성에게 가장 큰 은혜는 하나님께서 항상 함께하시는 것입니다. 그런데 사무엘하 7장 14~15절을 보면 하나님의 이 은혜는 솔로몬과 그의 후손들이 죄를 저질렀을 때, 징계를 내릴지언정 사울에게서처럼 사라지지 않습니다. 그렇습니다. 하나님께서 함께하시는 것이라면, 징계 조차도 은혜입니다. 저주는 하나님께서 함께하지 않는 것입니다. 하나님께서는 자신이 선택한 사람들이 어떤 상황 가운데 있더라도 함께하시는 은혜로운 분입니다.

1. 오늘 나눈 말씀 가운데 특별히 마음에 와닿은 구절이나 배움을 통하여 깨달은 점이나 느낀 점이 있다면 무엇이었습니까?
2. 언약을 지키시고 은혜를 베푸시는 하나님께 감사한 삶을 살기 위해서 해야 할 것은 무엇입니까?

생활 속으로

1. 하나님께서 나에게 약속하신 것들은 무엇이 있는지 생각해 보십시오. 그리고 성취된 것들을 적어 봅시다.
2. 하나님께서 베푸신 은혜를 기억하며, 앞으로 하나님을 위해 어떤 삶을 살 것인지 적어 봅시다.

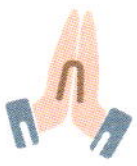

시편으로 드리는 기도

시편 111 : 4~5

하나님, 언제나 은혜로우시고 자비로우신 하나님께 감사하며 하나님을 경외합니다. 우리와 맺으신 언약을 영원히 기억하여 주시옵소서. 아멘.

제30과 응답하시는 하나님

[오늘의 말씀 _ 열왕기상 18 : 39]

모든 백성이 보고 엎드려 말하되 여호와 그는 하나님이시로다 여호와 그는 하나님이시로다 하니

[찬송 _ 찬송가 361장(통 480장) 1절]

기도하는 이 시간 주께 무릎 꿇고 우리 구세주 앞에 다 나아가네
믿음으로 나가면 주가 보살피사 크신 은혜를 주네 거기 기쁨있네
기도 시간에 복을 주시네 곤한 내 마음속에 기쁨 충만하네

[삶을 나눠요]

하나님과 우상의 가장 큰 차이는 무엇인지 서로 나누어 보십시오.

마음을 여는 글

유명한 설교가인 템플 목사가 한번은 케임브리지 대학교의 채플에 설교 요청을 받았습니다. 그는 "기도에 응답하시는 하나님"이라는 제목으로 말씀을 전했습니다. 채플이 끝나자 한 학생이 다가와서 말했습니다. "목사님, 목사님께서는 이 과학시대에 아직까지도 기도의 응답이라는 미신 같은 소리를 믿고 계십니까? 그리스도인은 우연의 일치를 가지고 기도의 응답이라고 주장하는 것이 아니겠습니까?" 이 이야기를 듣고 난 템플 목사는 다음과 같이 말했습니다. "기도가 우연의 일치라고요? 우연일지도 모릅니다. 그런데 학생, 이상한 일이 있습니다. 내가 기도를 그치면 그 우연도 그친다는 사실입니다. 그러니 기도가 얼마나 중요한 것입니까?"

– 〈냉수 한 그릇 창고(다음 블로그)〉 중에서

말씀 속으로

엘리야는 북왕국 이스라엘에서 하나님의 말씀을 선포했습니다. 엘리야가 활동할 당시 가장 큰 문제는 바알 숭배였습니다. 그동안 이스라엘 백성들은 개인적 차원에서 바알을 숭배했지만, 아합 왕이 이방 여인 이세벨과 결혼하고 난 후 바알 숭배는 국가 종교가 되어 버렸습니다. 이때 하나님께서 엘리야를 보내셔서 갈멜산에서 엘리야와 바알 선지자들의 영적 대결이 펼쳐집니다. 바알 선지자들에게는 아무 일도 일어나지 않았지만, 살아 계신 하나님께서는 엘리야에게 불로 응답하셨습니다. 결국 엘리야의 승리로 끝이 나고 바알 선지자들은 백성들에게 죽임을 당합니다.

우상은 응답할 수 없습니다

아무리 화려한 예배 의식을 가지고 있다 하더라도, 우상을 섬기는 예배에는 그 어떤 응답도 일어나지 않습니다. 왜냐하면 우상은 살아 있는 존재가 아니라 허상이기 때문입니다. 존재하지 않는 우상, 그래서 응답을 받을 수 없는 종교를 가지는 것만큼 허망한 것은 없습니다. 갈멜산에서 바알 숭배자들의 최후가 이것을 잘 보여줍니다.

하나님만이 살아 계시는 분입니다

갈멜산의 주인공은 겉으로 볼 때 엘리야처럼 보이지만 진정한 주인공은 불로 응답하신 살아 계신 하나님입니다. 물이 흘러넘치는 제단에 불로 응답하셔서 하나님만이 신이시고 영원히 살아 계신 분임을 드러낸 것입니다. 우상은 응답할 수 없지만 하나님께서는 자신을 섬기는 자들에게 응답하십니다. 그러므로 우리는 하나님과 우상 사이에서 머뭇거리지 말고 우상을 미련 없이 버리는 결단을 해야 합니다. 살아 계신 하나님만을 섬기는 자만이 이 땅에서 진정으로 살아 있는 존재로 살아가고, 영원히 하나님과 살게 됩니다.

1. 오늘 나눈 말씀 가운데 특별히 마음에 와닿은 구절이나 배움을 통하여 깨달은 점이나 느낀 점이 있다면 무엇이었습니까?
2. 우리 안에 있는 여러 가지 우상들을 내버리기 위해서 무엇을 해야 합니까?

생활 속으로

1. 자신이 알게 모르게 섬긴 우상들은 무엇이 있는지 적어 보고, 그것들을 어떻게 버려야 할지 생각해 봅시다.
2. 지금까지 하나님께서 나의 기도에 응답하신 것을 적어 보고, 그 응답에 어떻게 반응했는지 살펴 봅시다.

시편으로 드리는 기도

시편 27 : 7

하나님, 내가 환난 날에 소리 내어 부르짖을 때 나의 간절한 기도를 들어주시옵소서. 또한 나를 긍휼히 여기사 나의 기도에 응답하여 주시옵소서. 아멘.

제31과 지키시는 하나님 : 엘리사 이야기

[오늘의 말씀 열왕기하 6 : 8–23]

…… 기도하여 이르되 여호와여 원하건대 그의 눈을 열어서 보게 하옵소서 하니 여호와께서 그 청년의 눈을 여시매 그가 보니 불말과 불병거가 산에 가득하여 엘리사를 둘렀더라 ……

[찬송 _ 찬송가 366장(통 485장) 1절]

어두운 내 눈 밝히사 진리를 보게 하소서
진리의 열쇠 내게 주사 참 빛을 찾게 하소서
깊으신 뜻을 알고자 엎드려 기다리오니
내 눈을 뜨게 하소서 성령이여

[삶을 나눠요]

하나님께서 내가 미워하는 사람을 사랑하라고 한다면 어떻게 하겠습니까? 서로 나누어 보십시오.

마음을 여는 글

양순자의 『어른 공부』(시루, 2012)에 다음과 같은 글이 있습니다. "지금 혹시 내 인생이 왜 이렇게 꼬이나 싶어 괴롭다면 무엇이 나를 힘들게 하고 있는지 종이에 하나씩 하나씩 써 봐. 써 놓고 나서 그것이 정말 그렇게 힘들어할 만한 가치가 있는지 생각해 보는 거야. 별것도 아닌 일을 가지고 지나치게 고민하는 것도 자존심 상하는 일 아닌가? 인생길을 달리다 보면 누구나 터널을 만나게 돼 있어. 터널이 어둡다고 멈춰 선다면, 그보다 어리석은 일이 어디 있겠어. 조금만 지나면 곧 터널 끝이 나오는데 말이야. 꼼수 부리며 피하고 싶어? 갓길은 위험하다는 사실을 명심하고 살기를 바라." 일이 어렵고 힘들면 그것을 헤쳐 나가기보다는 피해 가고 싶어서 이리저리 머리를 굴립니다. 터널이 어두워도 그냥 지나가야 하듯이, 삶이 힘들더라고 그냥 천천히 앞으로 나아가다 보면 곧 터널 끝에 이릅니다.

– 〈고도원의 아침 편지〉 중에서

말씀 속으로

엘리사 선지자가 활동할 때 아람 왕은 가나안 지역의 떠오르는 강한 나라였습니다. 아람 왕은 군대를 이끌고 여러 번 이스라엘을 괴롭혔습니다. 그때마다 하나님의 사람 엘리사의 통찰력으로 이스라엘은 승리했고 위기를 모면했습니다. 하나님의 사람 엘리사의 도움으로 이스라엘이 승리하게 된 것을 알게 된 아람 왕은 엘리사를 잡기 위해 밤에 군대를 보내 그 성읍을 에워쌉니다.

엘리사를 지키시는 하나님

아람 군대가 성읍을 포위했습니다. 엘리사의 사환은 "아아, 우리가 어찌하리이까!"라고 탄식합니다. 엘리사는 두려워하는 사환의 눈이 열려 아람 병거보다 훨씬 많은 불 말과 불 병거가 엘리사를 호위하고 있음을 볼 수 있게 기도합니다. 우리는 숱한 영적 도전에 부딪힙니다. 이는 우리 삶에 진을 치고 우리를 무너뜨리려고 공격합니다. 그러므로 하나님의 사람들은 지금 눈 앞에 보이는 것만 바라보지 말고 그 이상을 볼 수 있어야 합니다. 하나님의 능력이 크고 풍성한 것을 보면서 우리의 도움이 어디서 오는가를 확신하며 하나님의 보호 안에 살아가야 합니다.

보이지 않는 것을 믿는 믿음

우리는 하나님을 믿으면서도 시련과 시험, 공포가 밀려오면 탄식과 절망을 하게 됩니다. 그러나 엘리사는 두려워하지 않았습니다. 우리가 엘리사와 같이 믿음의 기도를 드리고 영적인 눈이 열려져 하나님의 능력이 우리보다 크고, 위대하며, 우리의 생각보다 훨씬 더 큰 것을 깨달을 때 두려움은 사라지게 됩니다. 하나님께서 주신 믿음으로 영적인 눈을 열어 날마다 승리하는 삶을 살아갑시다.

1. 오늘 나눈 말씀 가운데 특별히 마음에 와 닿은 구절이나 배움을 통하여 깨달은 점이나 느낀 점이 있다면 무엇이었습니까?
2. 사환은 아람 군대를 두려워했지만 엘리사는 두려워하지 않은 이유는 무엇 때문입니까?

생활 속으로

지금 나를 두렵게 하는 문제가 무엇인지 적고 이를 해결하기 위하여 어떤 행동을 해야 하는지 다짐이나 결단을 적어 봅시다.

두려운 문제	문제를 해결하기 위한 다짐, 결단
1)	
2)	
3)	

시편으로 드리는 기도

시편 55 : 23

하나님, 악인들을 파멸의 웅덩이에 빠트리게 하옵소서. 피를 흘리게 하며 속이는 자들은 그들의 날의 반도 살지 못하게 하실 것이나 나는 여전히 나를 지켜 주시는 하나님을 믿고 영원히 의지하며 살게 하옵소서. 아멘.

제32과 성전을 다시 세우신 하나님

[오늘의 말씀 _ 에스라 1 : 1–3]

바사 왕 고레스 원년에 여호와께서 예레미야의 입을 통하여 하신 말씀을 이루게 하시려고 바사 왕 고레스의 마음을 감동시키시매 그가 온 나라에 공포도 하고 조서도 내려 이르되 바사 왕 고레스는 말하노니 하늘의 하나님 여호와께서 세상 모든 나라를 내게 주셨고 나에게 명령하사 유다 예루살렘에 성전을 건축하라 하셨나니 이스라엘의 하나님은 참 신이시라 너희 중에 그의 백성 된 자는 다 유다 예루살렘으로 올라가서 이스라엘의 하나님 여호와의 성전을 건축하라 그는 예루살렘에 계신 하나님이시라

[찬송 _ 찬송가 550장(통 248장) 1절]

시온의 영광이 빛나는 아침 어둡던 이 땅이 밝아 오네
슬픔과 애통이 기쁨이 되니 시온의 영광이 비쳐 오네

[삶을 나눠요]

바사 왕 고레스의 마음을 감동시킨 분은 누구며 하나님의 뜻이 무엇인지 서로 나누어 봅시다.

마음을 여는 글

화가 손힐(James Thornhill)이 런던의 세인트 폴 대성당에서 그림을 그리고 있었습니다. 높은 받침대를 걸치고 하는 위험한 작업이었습니다. 일을 하는 동안 손힐은 몇 발자국씩 뒤로 물러서서 그림을 살피곤 하였습니다. 그런데 그가 일에 몰두한 나머지 뒤로 물러서다가 높은 받침대에서 떨어질 찰나였습니다. 이를 본 하인은 페인트 통을 들고 손힐이 그리고 있던 그림을 향해 던져 버렸습니다. 깜짝 놀란 손힐은 그림 앞으로 달려갔습니다. 못 쓰게 된 그림을 보고 그는 하인에게 크게 화를 냈습니다. 그러나 그림보다 자신의 생명을 구하기 위한 하인의 행동을 알게 된 손힐은 오히려 고마워했습니다.

말씀 속으로

이스라엘의 범죄로 하나님은 북쪽 이스라엘과 남쪽 유다를 심판하셨습니다. 성전은 불타고 예루살렘 성벽은 무너졌습니다. 지도자들은 바벨론에 포로로 끌려가고 백성들은 모두 흩어졌습니다. 그러나 하나님은 이들을 아주 버린 것이 아니었습니다. "바벨론에서 칠십 년이 차면 내가 너희를 돌보고 나의 선한 말을 너희에게 성취하여 너희를 이곳으로 돌아오게 하리라"(렘 29 : 10).

언약의 하나님은 반드시 약속대로 이루어 주십니다

이스라엘 백성들이 다시 성전을 건축하고 예루살렘을 회복한다는 것은 전혀 불가능한 일이었습니다. 더구나 칠십 년이란 세월이 흘렀습니다. 그러나 하나님은 예레미야의 입을 통하여 하신 말씀을 기억하셨습니다. "이에 토지가 황폐하여 땅이 안식년을 누림같이 안식하여 칠십 년을 지냈으니 여호와께서 예레미야의 입으로 하신 말씀이 이루어졌더라"(대하 36 : 21). 그리고 하나님께서는 다시 성전을 건축하고 회복하셨습니다.

하나님께서는 특별한 방법을 사용하십니다

하나님은 언약하신 말씀을 이루시기 위하여 이방의 왕을 사용하셨습니다. 바사 왕 고레스가 하나님의 감동을 받아 온 나라에 공포도 하고 조서를 내립니다. "유다 예루살렘에 성전을 건축하라." 사람의 방법으로는 생각하지도 못한 결과입니다. 이스라엘의 하나님을 참 신이라고 고백하는 바사 왕 고레스를 통하여 놀라운 일을 이루시는 하나님이십니다.

성전을 다시 세우게 하신 분은 하나님입니다

바벨론 왕 느부갓네살에 의하여 끌려갔던 이스라엘 백성들은 바사 왕 고레스의 명령에 따라 예루살렘으로 귀환하여 성전을 건축합니다. 스룹바벨과 예수아의 지도와 감독으로 성전 공사를 시작하였으나 대적들의 방해도 만만치 않았습니다. 그러나 다시 다리오 왕의 명령으로 성전을 완공하여 봉헌하는 과정은 모두 하나님의 도우심이었습니다.

1. 오늘 나눈 말씀 가운데 특별히 마음에 와닿은 구절이나 배움을 통하여 깨달은 점이나 느낀 점이 있다면 무엇이었습니까?
2. 예루살렘 성전이 사람들의 생각으로는 상상하지도 못할 방법으로 재건축된 과정들을 이야기해 봅시다.

생활 속으로

어려운 일을 당하였을 때 하나님께서 내리시는 징벌이라고 여겼지만 이것이 전화위복의 기회였던 경험을 적어 봅시다.

시편으로 드리는 기도

시편 126 : 1~3

하나님, 위기와 환난을 기억하시고 시온의 포로를 돌려 보내시는 그 은혜로 우리의 입술에 웃음과 찬양이 가득하게 하시고, 뭇 나라들이 큰일을 행하신 하나님을 찬양하게 하옵소서. 아멘.

제33과 즐거운 성벽 봉헌식

[오늘의 말씀 _ 느헤미야 12 : 27-29]

예루살렘 성벽을 봉헌하게 되니 각처에서 레위 사람들을 찾아 예루살렘으로 데려다가 감사하며 노래하며 제금을 치며 비파와 수금을 타며 즐거이 봉헌식을 행하려 하매 이에 노래하는 자들이 예루살렘 사방 들과 느도바 사람의 마을에서 모여들고 또 벧길갈과 게바와 아스마웻 들에서 모여들었으니 이 노래하는 자들은 자기들을 위하여 예루살렘 사방에 마을들을 이루었음이라

[찬송 _ 찬송가 327장(통 361장) 1절]

주님 주실 화평 믿음 얻기 위해 너는 정성껏 기도했나
주의 제단 앞에 모두 바치기 전 복을 받을 줄 생각 마라
주의 제단에 산제사 드린 후에 주 네 맘을 주장하니
주의 뜻을 따라 그와 동행하면 영생복락을 누리겠네

[삶을 나눠요]

구원을 받은 하나님의 백성으로 달라져야 할 우리의 모습은 무엇인지 서로 나누어 봅시다.

마음을 여는 글

링컨 대통령은 40세가 넘으면 자기 얼굴에 대한 책임을 져야 한다고 했습니다. 젊었을 때 얼굴은 부모에게 받은 것이지만 그 이후의 얼굴은 스스로 만들어가는 것이기 때문이라고 합니다. 잠언의 기자는 "마음의 즐거움은 얼굴을 빛나게 하여도 마음의 근심은 심령을 상하게 하느니라"(잠 15 : 13)라고 교훈합니다. 외모도 중요하지만 먼저 속사람이 변화되어야 합니다. 사도 바울은 성도들을 일컬어 성령님을 모신 성전이라고 했습니다(고전 3 : 16). 예수 그리스도를 구주로 영접한 사람은 그 배에서 생수의 강이 흘러넘쳐 얼굴에 생기가 넘치고, 하는 일에도 기쁨이 넘칠 수밖에 없습니다.

말씀 속으로

1차 포로 귀환으로 고향에 돌아온 이스라엘 백성들의 성전 완공과 봉헌(스 6 : 13–18) 후, 이스라엘 백성들을 데리고 예루살렘으로 돌아온 에스라는 성전 앞에 엎드려 통곡하며 죄를 자복하므로 새로운 개혁 운동을 주도하였습니다(스 10 : 1). 이후 3차 포로 귀환의 지도자는 느헤미야 총독입니다. 그는 무너진 예루살렘 성벽을 재건했습니다. 성전 건축 못지않게 성벽 재건에도 많은 어려움이 있었습니다. 산발랏과 암몬 사람 도비야, 그리고 아라비아 사람들과 많은 무리들의 방해가 있었으나 이스라엘 백성들의 회개와 기도를 통한 정화 운동이 성벽을 완공하는 데 큰 힘이 되었습니다.

성벽 봉헌식을 위하여 찬양하는 많은 사람들이 모여들었습니다

하나님께서 이루어 주셨다는 신앙고백이 감사의 찬양입니다. 예루살렘 성벽 봉헌을 위하여 각처에서 노래하며 악기를 다루는 레위 사람들을 찾았습니다. 그러자 사람들이 모여들기 시작하였습니다. 사람이 살지 않아 버려진 땅처럼 보였던 예루살렘과 주변에 새로운 마을들이 형성되었습니다. 성벽 재건은 이렇게 거룩한 도시를 이루는 계기가 되었습니다.

성전과 성벽 봉헌으로 모든 것이 정결하게 되었습니다

제사를 담당하는 제사장들과 레위 사람들이 먼저 몸을 정결하게 하였습니다. 또 백성과 성문과 성벽을 정결하게 하였습니다(느 13 : 30). 그리고 성전 봉헌 후 에스라에 의하여 개혁 운동이 일어났던 것처럼 성벽 봉헌식을 마친 느헤미야가 모세의 책을 낭독하자 백성들이 이 율법을 듣고 정결하게 하는 운동이 일어나게 되었습니다(느 13 : 1–3). 우리도 거룩한 성도의 옷을 입읍시다.

1. 오늘 나눈 말씀 가운데 특별히 마음에 와닿은 구절이나 배움을 통하여 깨달은 점이나 느낀 점이 있다면 무엇이었습니까?
2. 오늘날 성도들의 언행과 자세를 생각해 보고 고쳐야 할 점이 무엇인지 서로 나누어 봅시다.

생활 속으로

신앙인으로서 나의 삶의 영역에서 성전과 성벽에 해당하는 것이 무엇이며, 주변 사람들을 생각하며 나의 성전과 성벽에서 정결하게 해야 할 일이 무엇인지 적어 봅시다.

성전	성벽
영적인 면에서 반성할 점	언행을 통해 정결하게 해야 할 점

시편으로 드리는 기도

시편 48 : 11~14

하나님, 기쁘고 즐거운 마음으로 찬송을 드리나이다. 주의 성전과 거룩한 성읍을 통한 복을 대대에 전하게 하시고, 우리를 끝까지 인도하시는 영원하신 하나님을 증거하는 저희들이 되게 하소서. 아멘.

제34과 감사하고 찬양하는 생활

[오늘의 말씀 _ 시편 105 : 45]

이는 그들이 그의 율례를 지키고 그의 율법을 따르게 하려 하심이로다 할렐루야

[찬송 _ 찬송가 438장(통 495장) 1절]

내 영혼이 은총 입어 중한 죄 짐 벗고 보니
슬픔 많은 이 세상도 천국으로 화하도다
할렐루야 찬양하세 내 모든 죄 사함 받고
주 예수와 동행하니 그 어디나 하늘나라

[삶을 나눠요]

주님께 특별히 감사한 것 한두 가지를 서로 나누어 보십시오.

마음을 여는 글

"내 것인 줄 알았으나 받은 모든 것이 선물이었다."
이것은 2022년 2월 26일 하나님의 부르심을 받은 고(故) 이어령 장관의 『이어령의 마지막 수업』(열림원, 2021) 첫 장에 나오는 구절입니다. 우리나라를 대표하는 시대의 지성인으로 살다간 그가 남긴 마지막 고백이 "내 것인 줄 알았으나 받은 모든 것이 선물이었다"입니다. 누구보다 탁월한 지성으로 창의적인 사고, 명예와 부와 권력을 누리며 살았는데 내 능력과 노력으로 얻은 것이 아니고 하나님으로부터 선물받은 것이더라는 말입니다. 우리가 누리는 모든 것은 하나님이 선물로 주신 것입니다. 내 목숨조차도 내 것이 아니라 하나님으로부터 선물받은 것입니다. 그러므로 사는 것이 은혜요, 살아온 것도 은혜요, 앞으로 살아갈 날들 또한 은혜입니다.

말씀 속으로

우리는 누구나 자기 몫의 십자가를 지고 삽니다. 그런데 어떤 사람은 감사하면서 지고 어떤 사람은 불평하고 원망하면서 집니다. 감사하면서 지는 십자가는 점점 가벼워지고, 불평과 원망을 하면서 지는 십자가는 점점 무거워집니다. 나는 어떤 마음으로 인생의 십자가를 지는지 생각해 봅시다.

마음에 감사가 넘치면 저절로 찬송이 나옵니다. "내 영혼이 은총 입어 중한 죄 짐 벗고 보니 슬픔 많은 이 세상도 천국으로 화하도다 할렐루야 찬양하세 내 모든 죄 사함 받고 주 예수와 동행하니 그 어디나 하늘나라"(찬 438장). 지금까지 지내 온 것이 주님의 은혜라고 생각하면 하나님께 감사해서 찬송하게 됩니다. 하나님을 찬송하는 것은 능력입니다. 찬송 생활에는 하나님의 권능이 함께합니다. 우리가 찬송하면 악한 영이 떠나가고 어두움이 물러갑니다. 마음에 불평과 원망이 가득하다가도 찬송을 하면 그 불평과 원망이 감사로 바뀌는 것을 경험할 수 있습니다. 마음에 근심과 걱정이 가득하다가도 찬송을 부르면 근심과 걱정이 사라지고 마음에 평안과 기쁨이 넘쳐납니다. 이것이 찬송의 권능입니다.

믿음의 사람들은 좋은 일이 있어도 슬픈 일이 있어도, 일이 술술 풀릴 때도 일이 안 되고 고난이 닥칠 때도 주님께 감사하고 찬송했습니다. 어떤 형편에도 주님께 감사하고 주님을 찬송하는 것이 당연하고 마땅하다고 생각했습니다. 감사와 찬송을 믿음이 지혜요, 삶의 능력입니다.

1. 오늘 나눈 말씀 가운데 특별히 마음에 와닿은 구절이나 배움을 통하여 깨달은 점이나 느낀 점이 있다면 무엇이었습니까?
2. 감사하고 찬양하는 삶을 살기 위해서는 어떻게 해야 합니까?

생활 속으로

1. 좋아하는 찬양이 무엇인지 소개하고, 그 이유를 이야기해 봅시다.
2. 감사해야 하는 줄 알면서도 잘 안 되는 이유는 무엇인지 이야기해 봅시다.

시편으로 드리는 기도

시편 30 : 4

하나님, 주님께 감사하며 찬송하는 것이 마땅히 해야 할 일인 줄 알고 늘 주님께 감사하고 찬송하며 살게 해 주옵소서. 아멘.

제35과 더불어 함께 사는 지혜

[오늘의 말씀 전도서 4 : 9]

두 사람이 한 사람보다 나음은 그들이 수고함으로 좋은 상을 얻을 것임이라

[찬송 _ 찬송가 220장(통 278장) 1절]

사랑하는 주님 앞에 형제자매 한자리에
크신 은혜 생각하며 즐거운 찬송부르네
내 주 예수 본을 받아 모든 사람 내 몸같이
환난 근심 위로하고 진심으로 사랑하세

[삶을 나눠요]

요즘 나의 예배 생활은 어떤지 생각해 보고 서로 나누어 봅시다.

마음을 여는 글

요즈음은 상상도 할 수 없는 일이지만, 예전에 단체기합이라는 것이 있었습니다. 모든 학생이 교실 책상 위에 무릎을 꿇고 앉아 손을 드는 벌을 받기도 했습니다. 혼자서 벌을 받을 때보다는 다 같이 벌을 받으면 똑같은 벌이라도 힘이 훨씬 덜 듭니다. 하물며 힘들고 어려운 일을 만났을 때는 두말할 필요가 없을 것입니다. 백지장도 맞들면 낫다고 했습니다. 같은 아픔이라도 함께하면 훨씬 이겨 내기가 쉽습니다. 같은 기쁨이라도 함께하면 그 기쁨은 배가 됩니다.

말씀 속으로

갈수록 혼자 사는 1인 가구가 빠르게 늘어나고 있습니다. 두 집 건너 한 집이 1인 가구라고 할 정도입니다. 이유는 여러 가지이겠지만 혼자 사는 가구가 점점 늘어나는 것은 우리의 삶의 질을 떨어뜨리는 큰 요인 중의 하나입니다. 국가와 사회적으로 해결해야 할 숙제입니다. 교회도 혼자 사는 1인 가구가 점점 많아지는 문제를 해결하기 위하여 기도하며 머리를 맞대야 할 때입니다.

우리 하나님은 삼위일체 하나님입니다. 삼위일체 하나님이란 성부, 성자, 성령이 세 분이면서 한 분 하나님이라는 뜻입니다. 삼위일체 하나님이 따로 또 같이 함께 일하십니다. 이처럼 하나님은 삼위일체의 모습으로 하나의 공동체를 이루십니다. 하나님은 우리가 더불어 함께 살기를 원하십니다. 그래서 우리에게 가정을 주시고, 교회 공동체를 주셨습니다. 하나님은 우리가 교회에서 서로 교제하고 기도하며 기쁨과 아픔을 함께 나누는 공동체를 만들게 하셨습니다. 그리고 함께하는 모습이 참 아름답고 보기 좋다고 하셨습니다. “보라 형제가 연합하여 동거함이 어찌 그리 선하고 아름다운고”(시 133 : 1).

우리는 함께 모여 예배합니다. 함께 모여 예배할 때 더 힘이 나고 은혜롭게 예배할 수 있습니다. 우리는 함께 모여 기도합니다. 기도 역시 함께 모여 기도할 때 더 힘이 납니다. 우리는 함께 모여 성경말씀을 배웁니다. 성경공부도 다 함께 배울 때 은혜가 넘칩니다. 우리는 함께 모여 봉사합니다. 서로 짐을 나누어서 함께 봉사할 때 더 즐겁고 효과도 더 좋습니다. 신앙 생활은 혼자서 할 수 있지만 함께할 때 더 은혜롭고 보람이 있고 주님이 기뻐하십니다.

더불어 함께 모여 믿음 생활을 하려면 서로를 존중하고 배려해야 합니다. 서로 챙겨 주는 마음이 부족하면 함께하는 것이 힘들고 어렵습니다. 좀 서운해도 참고, 내가 먼저 양보하는 마음을 가져야 합니다. 좋은 일은 서로 축하하고, 힘들 때는 서로 격려하고 위로해야 합니다. 혼자 하는 것보다 함께하면 더 많은 일을 할 수 있습니다. 혼자 할 때보다 상승효과가 나기 때문입니다. 우리는 더불어 함께하는 하나님의 자녀들입니다.

1. 오늘 나눈 말씀 가운데 특별히 마음에 와닿은 구절이나 배움을 통하여 깨달은 점이나 느낀 점이 있다면 무엇이었습니까?
2. 더불어 함께 사는 지혜를 실천하기 위해서 서로 존중하고 배려하는 삶을 살기로 다짐해 봅시다.

생활 속으로

1. 혼자 일할 때 힘들었던 경험을 서로 이야기해 봅시다.
2. 더불어 함께하는 믿음 생활을 위해 서로 어떤 노력을 해야 할지 이야기해 봅시다.

시편으로 드리는 기도

시편 133 : 1

하나님, 형제가 연합하여 동거하는 모습이 아름답다고 하신 말씀을 따라 서로 배려하고 언제나 더불어 함께하며 살아가게 해 주옵소서. 아멘.

제36과 끝까지 사랑하시는 하나님 : 호세아

[오늘의 말씀 _ 호세아 1 : 7–10]

그러나 내가 유다 족속을 긍휼히 여겨 그들의 하나님 여호와로 구원하겠고 활과 칼이나 전쟁이나 말과 마병으로 구원하지 아니하리라 하시니라 고멜이 로루하마를 젖뗀 후에 또 임신하여 아들을 낳으매 여호와께서 이르시되 그의 이름을 로암미라 하라 너희는 내 백성이 아니요 나는 너희 하나님이 되지 아니할 것임이니라 그러나 이스라엘 자손의 수가 바닷가의 모래같이 되어서 헤아릴 수도 없고 셀 수도 없을 것이며 전에 그들에게 이르기를 너희는 내 백성이 아니라 한 그곳에서 그들에게 이르기를 너희는 살아 계신 하나님의 아들들이라 할 것이라

[찬송 _ 찬송가 15장(통 55장) 1절]

하나님의 크신 사랑 하늘에서 내리사 우리 맘에 항상 계셔 온전하게 하소서
우리 주는 자비하사 사랑 무한하시니 두려워서 떠는 자를 구원하여 주소서

[삶을 나눠요]

하나님의 큰 사랑을 받았던 경험을 서로 나누어 봅시다.

마음을 여는 글

1956년 짐 엘리엇과 다른 네 명의 선교사가 아우카 부족에게 살해당했을 때, 그 후에 일어날 일을 예상한 사람은 아무도 없었습니다. 짐의 아내 엘리자벳과 다른 선교사들의 아내 네 사람은 그의 어린아이들과 그리고 다른 선교사의 여동생과 함께 그들이 사랑하는 사람들을 죽인 그 부족 가운데 들어가 살기로 하고, 몇 년간을 아우카 부족과 살면서 그들의 언어를 배우고 그들을 위해 성경을 번역했습니다. 이들이 용서와 친절을 몸소 보여 줌으로 아우카 부족 사람들은 그들을 향한 하나님의 사랑을 확신하게 되었고 선교사들을 죽일 때 직접 가담했던 세 사람도 예수님을 믿었고, 그중의 한 사람은 목사가 되어 아우카 부족 교회의 목사로, 마을 지도자로 활동하였습니다.

말씀 속으로

하나님께서 호세아 선지자와 음란한 여인 고멜의 결혼 생활을 통해 하나님의 사랑을 설명해 주고 있는 것이 오늘 본문 말씀입니다. 여호와께서 호세아 선지자에게 말씀하시기를 "너는 가서 음란한 여자를 맞이하여 음란한 자식들을 낳으라"(호 1 : 2)라고 하십니다. 이치에 맞지 않는 말씀인데도 이와 같은 말씀을 하신 이유를 밝힙니다. "이 나라가 여호와를 떠나 크게 음란함이니라"(호 1 : 2).

호세아는 하나님의 말씀대로 디블라임의 딸 고멜을 아내로 맞이하고 곧바로 임신하여 아들을 낳습니다. 하나님께서는 호세아의 자녀들의 이름까지도 지어 주셨습니다. 맏아들의 이름은 '하나님이 뿌리심'이란 의미를 가진 '이스르엘'이라 불렀습니다. 둘째는 딸을 낳았는데 이름은 '로루하마'로 '자비를 받지 못한 자', '긍휼히 여김을 받지 못한 자'란 의미입니다. 셋째 아들을 임신하여 출산하게 되는데 이름을 '로암미'라고 지어 주셨습니다. 이 이름의 뜻은 '내 백성이 아니다'입니다.

이런 비극적인 이름을 주신 근본적인 이유는 이스라엘 백성들이 회개할 것을 촉구하기 위해서입니다. 회개하고 돌아오면 받아 주실 약속을 1 : 10~2 : 1에 말씀합니다. 그래서 10절 시작이 '그러나'입니다. 이 접속사는 앞의 내용과 상반될 때 사용하는 접속사입니다. 앞으로 이스라엘 자손의 수가 바닷가의 모래같이 되어 헤아릴 수도 없고 셀 수도 없을 것이라고 하시면서 "너희는 내 백성이 아니다"라고 한 그곳에서 그들에게 이르기를 "너희는 살아 계신 하나님의 아들이다"라고 칭할 것이라고 했습니다.

그러면서 앞으로 태어나는 형제와 자매의 이름을 '암미'(내 백성)와 '루하마'(불쌍히 여기는 자)라고 지어 준다고 하십니다. 결국 하나님이 본래의 자리를 찾아 주신다는 것입니다. 하나님을 떠난 백성들을 끝까지 사랑하셔서 자신의 백성으로 삼으신다는 것입니다. 이것이 바로 하나님의 사랑입니다.

1. 오늘 나눈 말씀 가운데 특별히 마음에 와닿은 구절이나 배움을 통하여 깨달은 점이나 느낀 점이 있다면 무엇이었습니까?
2. 우리는 하나님 앞에서 어떻게 살아가야 합니까?

생활 속으로

1. 용서받기 어려운 잘못을 하나님의 사랑으로 용서받은 일이 있다면 적어 봅시다.
2. 용서하기 어려워 다가가지 못하는 사람이 있는지 생각해 봅시다. 그리고 용서할 수 없는 사람을 용서했던 경험이 있다면 서로 나누어 봅시다.

시편으로 드리는 기도

시편 31 : 21~23

하나님, 하나님의 놀라운 사랑을 삶에서 체험하며 찬양하게 하소서. 내가 부르짖을 때 들으시고 응답하시는 하나님을 사랑하며 살게 하소서. 아멘.

제37과 항상 함께하시는 하나님 : 이사야

[오늘의 말씀 _ 이사야 11 : 1–5]

이새의 줄기에서 한 싹이 나며 그 뿌리에서 한 가지가 나서 결실할 것이요 그의 위에 여호와의 영 곧 지혜와 총명의 영이요 모략과 재능의 영이요 지식과 여호와를 경외하는 영이 강림하시리니 그가 여호와를 경외함으로 즐거움을 삼을 것이며 그의 눈에 보이는 대로 심판하지 아니하며 그의 귀에 들리는 대로 판단하지 아니하며 공의로 가난한 자를 심판하며 정직으로 세상의 겸손한 자를 판단할 것이며 그의 입의 막대기로 세상을 치며 그의 입술의 기운으로 악인을 죽일 것이며 공의로 그의 허리띠를 삼으며 성실로 그의 몸의 띠를 삼으리라

[찬송 _ 찬송가 435장(통 492장) 1절]

나의 영원하신 기업 생명보다 귀하다 나의 갈 길 다가도록 나와 동행하소서
주께로 가까이 주께로 가오니 나의 갈 길 다가도록 나와 동행하소서

[삶을 나눠요]

하나님이 항상 나와 함께 계시는 것을 무엇을 통해서 알 수 있습니까? 서로 나누어 보십시오.

마음을 여는 글

우리는 요한복음 1장에서 예수님이 자신의 백성들을 얼마나 자세히 알고 계신지 엿볼 수 있습니다. 예수님을 만나보라는 빌립의 간절한 권유로 나다나엘이 예수님 앞에 나아가자 예수님은 이렇게 선포하셨습니다. "이는 참으로 이스라엘 사람이라 그 속에 간사한 것이 없도다"(47절). 이에 나다나엘이 깜짝 놀랐습니다. "저를 어떻게 아십니까?" 그러자 예수님은 "빌립이 너를 부르기 전에 네가 무화과나무 아래에 있을 때에 보았노라"(48절)라고 말씀하셨습니다. 예수님이 왜 이 이야기를 하셨는지 우리는 알 수 없지만 나다나엘은 알았습니다. 너무나 감격한 나다나엘은 "랍비여 당신은 하나님의 아들이시요 당신은 이스라엘의 임금이로소이다"(49절)라고 대답했습니다. 우리가 어디에 있든지 주님은 우리와 함께하신다는 것을 알 수 있습니다.

말씀 속으로

하나님은 영원하신 분입니다. 영원하신 하나님은 우리와 함께하시기 위해 우리에게 사랑으로 다가오셨습니다. 하나님께서는 우리와 영원히 함께하시기 위해 예수님을 먼저 보내 주셔서 우리를 구속해 주셨고 보혜사 영을 보내 주신다고 약속하셨습니다.

오늘 말씀은 이사야 선지자를 통해 메시야를 보내 주시겠다는 약속과 메시야가 오시면 어떤 나라가 되는가를 가르쳐 줍니다. 오실 메시야는 다윗의 후손으로 오신다는 사실을 정확하게 밝히고 있습니다. 예수님이 세상에 오심은 하나님이 우리와 영원히 함께하시기 위해 오셨고 예수님은 다시 오실 것을 약속하셨습니다. 하나님이 함께하시는 하나님 나라는 어떤 모습인지 말씀을 통해 살펴보겠습니다.

하나님께서 함께하시는 하나님 나라는 공의와 정직과 성실한 나라입니다 (4절)

예수님은 지혜와 총명의 영, 모략과 재능의 영, 지식과 여호와를 경외하는 영인 여호와의 영으로 가득한 분입니다. 예수님을 통하여 공의와 정직, 성실이 지배하는 나라가 됩니다. 지금 세상을 보면 온갖 불의함과 부도덕함으로 얼룩져 있습니다.

그리고 나태함과 안일함이 가득합니다. 그러나 우리가 세상에 살면서 교회를 통하여 하나님 나라가 이 땅에서도 이루어지는 것을 보여 줄 수 있는 삶, 즉 공의와 정직과 성실한 삶을 살아야 합니다.

하나님께서 함께하시는 하나님의 나라는 약육강식이 없는 평화의 나라입니다 (6-8절)

6~8절 말씀을 보면, 이리가 어린 양과 함께 살고 표범이 어린 염소와 함께 뒹굴며, 송아지와 어린 사자와 살진 짐승이 함께 어린아이에게 끌려다니는 평온한 나라가 됩니다. 여호와를 아는 지식이 충만해지면서 해됨도 없고 상함도 없는 거룩한 나라가 됩니다. 이와 같은 하나님 나라가 완성되는 것은 예수님이 다시 오실 때입니다. 그래서 우리는 다시 오실 주님을 기다리는 것입니다. 그러면서도 우리는 항상 우리와 함께하시는 하나님을 모시고 하나님 나라를 맛보며 살아야 합니다.

1. 오늘 나눈 말씀 가운데 특별히 마음에 와닿은 구절이나 배움을 통하여 깨달은 점이나 느낀 점이 있다면 무엇이었습니까?
2. 오늘 주신 말씀에서 하나님이 함께하시는 하나님 나라의 속성을 찾아서 적어 봅시다.

생활 속으로

1. 하나님이 함께하시는 하나님 나라를 어디에서 경험해야 하는지 적어 봅시다.
   1) 2) 3) 4)
2. 하나님 나라의 공의를 이루기 위해서 우리는 어떤 삶을 살아야 하는지 적어 보고 기도해 봅시다.

시편으로 드리는 기도

시편 139 : 1~4

하나님, 항상 나와 함께하셔서 나의 앉고 일어섬과 나의 생각, 입에서 나오는 말까지도 아시는 하나님의 은혜에 감사하며 살아가게 해 주옵소서. 아멘.

제38과 새 언약을 주시는 하나님

[오늘의 말씀 _ 예레미야 31 : 31-33]

여호와의 말씀이니라 보라 날이 이르리니 내가 이스라엘 집과 유다 집에 새 언약을 맺으리라 이 언약은 내가 그들의 조상들의 손을 잡고 애굽 땅에서 인도하여 내던 날에 맺은 것과 같지 아니할 것은 내가 그들의 남편이 되었어도 그들이 내 언약을 깨뜨렸음이라 여호와의 말씀이니라 그러나 그날 후에 내가 이스라엘 집과 맺을 언약은 이러하니 곧 내가 나의 법을 그들의 속에 두며 그들의 마음에 기록하여 나는 그들의 하나님이 되고 그들은 내 백성이 될 것이라 여호와의 말씀이니라

[찬송 _ 찬송가 546장(통 399장) 1절]

주님 약속하신 말씀 위에서 영원토록 주를 찬송하리라
소리 높여 주께 영광 돌리며 약속 믿고 굳게 서리라
굳게 서리 영원하신 말씀 위에 굳게 서리 굳게 서리 그 말씀 위에 굳게 서리라

[삶을 나눠요]

사람들은 어떤 경우에 약속을 지키지 않습니까? 서로 나누어 보십시오.

마음을 여는 글

일제 치하 때 한 젊은이가 의대 입학시험을 보면서 하나님께 이런 서원을 했습니다. "이 학교에 입학시켜 주시면 내 평생에 불우하고 가난한 사람들을 위해 몸을 바치겠습니다." 졸업 후에 젊은이는 당시 가장 뛰어난 수술 실력을 소유한 백인제 박사 밑에서 수련을 받았습니다. 그리고 그는 자신의 서원대로 가난하고 병든 이웃을 위해 무료 진료소인 복음병원을 개설해 영세민 의료구호사업에 전 생애를 바쳤습니다. 29세의 나이에 박사학위를 받은 수재이기도 했던 이 사람은 정작 집 한 채 없이 오직 주님만을 의지하고 가난한 사람들을 위해 봉사의 삶을 살았습니다. 이 사람이 바로 한국의 슈바이처로 불렸던 장기려 장로입니다.

말씀 속으로

예레미야는 남유다의 멸망을 예언하게 되었지만, 남유다가 멸망으로 끝나는 것이 아니라, 다시 회복할 것을 말합니다. 그리고 이제 옛 언약은 끝나고 하나님께서 새 언약을 다시 세우게 될 것이라고 말합니다. 옛 언약이 파기된 이유는 하나님 때문이 아니라 이스라엘 백성 때문이었습니다. 이스라엘 백성들이 하나님의 말씀을 어기고 죄악을 행하며, 우상숭배를 하고 하나님을 멀리 떠났기 때문에 하나님의 심판을 받게 된 것입니다. 그러나 하나님은 심판으로 끝내는 것이 아니라 심판 후에 다시 회복을 말씀하십니다. "여호와의 말씀이니라 보라 날이 이르리니 내가 이스라엘 집과 유다 집에 새 언약을 맺으리라"(렘 31 : 31). 하나님께서 이스라엘 백성들과 다시 새 언약을 맺으신 이유가 무엇입니까?

첫째, 하나님은 사랑이기 때문입니다

하나님의 모든 행동의 동기, 과정과 결과는 사랑입니다. 하나님은 사랑으로 시작하시고, 사랑으로 실천하시며, 사랑으로 끝을 맺으시는 분입니다. 하나님께서 이스라엘 백성들을 사랑하시기 때문에 언약을 맺었고, 그들이 그 언약을 깨뜨려 버렸을 때도 사랑으로 심판하실 수 밖에 없으시며, 다시 새 언약을 맺으시는 것입니다. 우리도 하나님의 사랑을 본받아야 합니다. 우리가 과연 사랑으로 행동하는지 되돌아

봅시다. 사람과의 관계와 약속, 그 무엇을 하든지 사랑이 동기가 되고 사랑이 결론이 되어야 합니다.

둘째, 하나님은 이스라엘 백성을 결코 버릴 수 없기 때문입니다

이스라엘 백성들은 하나님의 백성이고, 하나님의 자녀입니다. 부모가 자녀를 버릴 수 없는 것과 같이 하나님께서도 이스라엘 백성들을 결코 버릴 수 없었습니다. 그래서 새 언약을 맺는 것입니다. 다시 한 번 기회를 주는 것입니다. 지난번에는 약속을 어겼지만, 이번에는 어기지 말라고 말씀하시는 것입니다. 자녀가 잘못했을 때, 자녀를 혼낼 수는 있을지언정 자녀와 연을 끊을 수는 없는 것입니다. 그것이 부모의 사랑입니다. 하나님이 우리를 이렇게 사랑하신다는 것을 다시 한 번 깨닫는 시간이 되기를 소망합니다.

1. 오늘 나눈 말씀 가운데 특별히 마음에 와닿은 구절이나 배움을 통하여 깨달은 점이나 느낀 점이 있다면 무엇이었습니까?
2. 하나님이 이스라엘 백성을 포기하지 않으시고 다시 새 언약을 맺으신 이유가 무엇입니까?

생활 속으로

1. 하나님과 지키지 않았던 약속이 있는지 생각해 보고 적어 봅시다.
2. 하나님 앞에 내가 지킬 수 있는 약속을 세 가지만 적어 봅시다.

시편으로 드리는 기도

시편 34 : 18

마음이 상한자를 가까이 하시는 하나님, 우리의 죄악들을 회개하고 중심으로 통회하오니 주의 보혈로 새롭게 되게 하옵소서. 아멘.

제39과 회복을 주시는 하나님

[오늘의 말씀 _ 에스겔 47 : 9–10]

이 강물이 이르는 곳마다 번성하는 모든 생물이 살고 또 고기가 심히 많으리니 이 물이 흘러 들어가므로 바닷물이 되살아나겠고 이 강이 이르는 각처에 모든 것이 살 것이며 또 이 강가에 어부가 설 것이니 엔게디에서부터 에네글라임까지 그물 치는 곳이 될 것이라 그 고기가 각기 종류를 따라 큰 바다의 고기같이 심히 많으려니와

[찬송 _ 찬송가 342장(통 395장) 1절]

너 시험을 당해 죄 짓지 말고 너 용기를 다해 곧 물리치라
너 시험을 이겨 새 힘을 얻고 주 예수를 믿어 늘 승리하라
우리 구주의 힘과 그의 위로를 빌라 주님 네 편에 서서 항상 도우시리

[삶을 나눠요]

우리의 삶 속에서 하나님의 회복을 경험해 본 적이 있습니까? 서로 나누어 봅시다.

마음을 여는 글

어느 여행가가 아프리카 오지를 여행하면서 원주민의 도움을 받았습니다. 첫날, 원주민들은 열심히 먼 길을 함께 달렸습니다. 그는 목적지까지 빠른 시일 내에 도착할 수 있을 것 같아 매우 기뻤습니다. 그러나 그 다음날 원주민들은 도무지 길을 나설 생각을 하지 않았습니다. 통역인을 통해 이유를 묻자, "어제 육체가 너무 빨리 달려와서 아직 영혼이 따라오지 못했습니다."라고 말했다고 합니다. 그들은 영혼의 회복이 필요한 것과 영혼을 회복하는 방법을 알고 있었습니다. 우리에게도 쉼이 필요한 이유가 바로 여기에 있습니다. 회복은 우리가 살아가는데 매우 중요합니다.

말씀 속으로

오늘 말씀은 에스겔의 성전 환상이 나오는 가장 중요한 본문입니다. 하나님께서 이스라엘을 심판하신 후 그들을 다시 회복시켜 주실 것을 약속하시며, 에스겔에게 무너진 성전이 다시 회복될 것이라는 환상을 보여 주십니다. 에스겔의 성전 환상에서 매우 독특한 부분은 성전에서 물이 나와서 강을 이루고, 온 천지를 뒤덮게 된다는 환상인데, 그 강물이 닿는 곳마다 모든 생물이 살아나는 역사가 일어난다는 것입니다. "이 강물이 이르는 곳마다 번성하는 모든 생물이 살고 또 고기가 심히 많으리니 이 물이 흘러 들어가므로 바닷물이 되살아나겠고 이 강이 이르는 각처에 모든 것이 살 것이며"(겔 47 : 9). 하나님께서 성전 회복의 환상을 에스겔에게 보여 주시는 이유가 무엇입니까?

첫째, 이스라엘이 다시 회복될 것이라는 확신을 주시기 위함입니다

지금 이스라엘은 나라를 잃고 절망에 빠져 있습니다. 그들의 죄악으로 심판을 받아 나라를 빼앗겼지만, 하나님께서는 그들을 그대로 두지 아니하시고, 다시 회복시켜 주실 것을 약속하셨습니다. 하나님은 우리가 낙심하고 절망한 채로 살기를 원치 않으십니다. 하나님은 우리가 다시 일어나기를 원하십니다. 호세아 6 : 1에 보면 "여호와께서 우리를 찢으셨으나 도로 낫게 하실 것이요 우리를 치셨으나 싸매어 주실 것임이라"라고 말하며 하나님의 심판과 동시에 긍휼과 자비를 말씀하십니다. 하나님은 공의와 사랑이 공존한다는 것을 잊지 말아야 합니다.

둘째, 생수의 강이 닿는 곳마다 회복의 역사가 일어난다는 사실을 기억해야 합니다

생수의 강은 성령의 은혜입니다. 거룩한 성령이 임하는 곳마다 무너진 것이 다시 세워지고, 마른 땅에도 꽃이 피는 역사가 일어나는 것입니다. 우리가 사모할 것은 성령입니다. 우리의 영혼에 성령이 임하시면 상처가 치유되고, 고통이 회복되는 역사가 일어나게 될 것입니다. 그리고 성령의 은혜를 경험한 우리는 가정, 직장, 사회와 국가, 세계에 성령의 은혜를 흘려보내야 합니다. 그때 회복과 치유의 역사가 일어나게 될 것입니다.

1. 오늘 나눈 말씀 가운데 특별히 마음에 와닿은 구절이나 배움을 통하여 깨달은 점이나 느낀 점이 있다면 무엇이었습니까?
2. 마음이 지친 사람에게 힘이 되는 말은 어떤 것이 있습니까?

생활 속으로

1. 관계 속에서 마음이 힘들어질 때, 나의 마음을 위로해 줄 수 있는 사람을 적어 봅시다.
2. 지치고 힘든 사람들에게 들려주고 싶은 성경 구절을 적어 봅시다.

시편으로 드리는 기도

시편 51 : 10

하나님, 내 속에 정한 마음을 창조하시고 정직한 영을 새롭게 하옵소서. 주의 성령이 함께하지 않으면, 거짓과 불의가 내 안에 있습니다. 오직 성령으로 우리를 회복시켜 주옵소서. 아멘.

제40과 하나님께서 보내 주신 성령님

[오늘의 말씀 _ 사도행전 2 : 1–13]

오순절 날이 이미 이르매 그들이 다 같이 한 곳에 모였더니 홀연히 하늘로부터 급하고 강한 바람같은 소리가 있어 …… 그들이 다 성령의 충만함을 받고 성령이 말하게 하심을 따라 다른 언어들로 말하기를 시작하니라 …… 그들이 새 술에 취하였다 하더라

[찬송 _ 찬송가 182장(통 169장) 1절]

강물같이 흐르는 기쁨 성령강림함이라
정결한 맘 영원하도록 주의 거처 되겠네
주님 주시는 참된 평화가 내 맘속에 넘치네
주의 말씀에 거센 풍랑도 잠잠하게 되도다

[삶을 나눠요]

성령 충만한 삶이란 어떤 삶입니까? 서로 나누어 보십시오.

마음을 여는 글

어떤 사람이 맹수를 만나 도망치던 중 마른 우물 속으로 뛰어들어 넝쿨에 매달렸습니다. 우물 바닥에는 독사 떼가 우글거리고, 생쥐 두 마리는 그가 붙잡은 넝쿨을 갉아먹고 있었습니다. 이때 그 사람은 눈 앞에 벌꿀을 발견하고는 단 맛에 심취해서 맹수와 독사와 생쥐를 다 잊은 채 오직 벌꿀을 먹는 데 집중했습니다. 톨스토이의 참회록에 소개된 내용입니다. 톨스토이는 이 우화의 주인공이 바로 우리 인생과 같다고 말합니다. 절망할 것 밖에 없는 짧고 유한한 인생길에서 지금 우리는 무엇을 바라고 의지하며 살고 있습니까? 눈 앞의 꿀물입니까? 아니면 생명을 풍성하게 하시는 성령님입니까?

말씀 속으로

다락방에 모여 기도하던 무리들에게 오순절에 약속하신 성령님이 오셨습니다. 이들은 두려움과 염려에 눌려 있었습니다. 그러나 성령강림 이후 이들은 성령님을 따라 담대히 십자가와 부활의 복음을 전하며 살아가게 되었습니다. 성령님과 동행하는 삶이 일상의 방식이 되었기 때문입니다.

성령님을 따르는 삶

그리스도인은 하나님의 뜻, 곧 성령님을 따라 행하는 사람입니다. 이는 목줄에 묶인 듯 억지로 끌려가는 것이 아닙니다. 벌 받을까 봐, 사업이 실패할까 봐 마지못해 따르는 것도 아닙니다. 인격적인 성령님과 동행하는 삶입니다. 그러려면 내 기분, 내 속도, 내 뜻과 계획을 내려놓고, 성령님과 동행하는 법을 날마다 배워야 합니다. 신앙생활은 누구에게 보여 주기 위한 것이 아닙니다. 오늘 주님과 동행하는 법을 배울 때 우리의 일상은 두려움이나 염려가 아닌 의미 있는 하루, 담대히 한걸음씩 주님과 함께 걷는 삶이 될 것입니다. 성령님을 따라 겸손히 살아갑시다.

소통하는 삶

성령의 충만함을 받은 이들은 성령이 말하게 하심을 따라 다른 언어들로 하나님의 큰일을 말하게 되었습니다. 이에 각 사람이 난 곳 방언으로 듣게 되는 것에 놀라서 이것이 어찌됨이냐며 반응했습니다. 바벨탑 사건으로 언어가 혼잡하게 되어 서로 알아듣지 못하였는데, 성령강림 이후 다시 소통하게 된 것입니다. 성령 충만한 삶은 단순히 신비한 체험이나 능력을 말하는 것이 아닙니다. 서로 다른 사람들과 소통할 수 있는 사람이 성령 충만의 증거입니다. 성령님은 소통하게 하시는 영입니다. 불통의 시대, 성령님을 힘입은 소통의 사람이 필요합니다.

1. 오늘 나눈 말씀 가운데 특별히 마음에 와닿은 구절이나 배움을 통하여 깨달은 점이나 느낀 점이 있다면 무엇이었습니까?
2. 성령 충만한 삶을 살기 위해서 갖추어야 할 것은 무엇입니까?

생활 속으로

성령님을 힘입어 소통이 필요한 영역을 살펴봅시다.
- 가정에서 부부, 자녀, 형제간의 관계에서
- 교회에서 성도들과 관계에서
- 내가 속한 공동체와 이웃과의 관계에서

시편으로 드리는 기도

시편 42 : 1

하나님, 소망의 하나님께 감사드립니다. 어떠한 형편에도 도우시는 하나님을 신뢰하며 하나님을 찬송하게 하여 주옵소서. 아멘.

제41과 하나님의 말씀을 이루어 가는 교회 : 일곱 집사

[오늘의 말씀 _ 사도행전 6 : 1–7]

그때에 제자가 더 많아졌는데 헬라파 유대인들이 자기의 과부들이 매일의 구제에 빠지므로 히브리파 사람을 원망하니 …… 하나님의 말씀이 점점 왕성하여 예루살렘에 있는 제자의 수가 더 심히 많아지고 허다한 제사장의 무리도 이 도에 복종하니라

[찬송 _ 찬송가 185장(통 179장) 1절]

이 기쁜 소식을 온 세상 전하세 큰 환난 고통을 당하는 자에게
주 믿는 성도들 다 전할 소식은 성령이 오셨네
성령이 오셨네 성령이 오셨네 내 주님 보내신 성령이 오셨네
이 기쁜 소식을 온 세상 전하세 성령이 오셨네

[삶을 나눠요]

말씀을 따르는 삶이란 어떤 의미인지 서로 나누어 봅시다.

마음을 여는 글

배우자를 간병하던 한 사람이 배우자의 입원 기간이 길어지자 고민이 깊어졌습니다. 집에 두고 온 애완견이 걱정되었기 때문입니다. 애완견 타령을 거듭하던 이 부부는 결국 이혼에 이르게 되었습니다. 무엇이든 사랑하면 그를 위하는 것이 전혀 아깝지 않은 법입니다. 게임, 쇼핑, 주식투자 등, 사랑하는 것을 위해 밤을 새우거나 돈을 잃어도 아깝지 않습니다. 하물며 우리가 진정으로 사랑하는 하나님의 말씀을 따르는 일이라면 무엇이든 아깝지 않을 것입니다.

말씀 속으로

어떤 사람이 교회를 이곳저곳 옮겨 다니며 문제가 없는 교회를 찾는다고 말하자 이런 대답을 들었다고 합니다. "당신이 교회를 가는 순간, 그 교회는 문제 있는 교회가 될 것입니다." 세상에 문제가 없는 교회가 있습니까?

말씀을 찾는 교회

초대교회는 문제가 없는 교회가 아니었습니다. "우리가 하나님의 말씀을 제쳐 놓고 접대를 일삼는 것이 마땅하지 아니하니"(2절)라고 할 만큼 문제가 많았습니다. 세상의 모든 문제는 범죄한 아담으로부터 시작되었습니다. 세상 사람들은 오로지 내 아픔, 내 고민, 내 상처에만 집중합니다. 결코 하나님을 찾는 법이 없습니다. 하나님을 마음에 두기 싫어하기 때문입니다. 이것이야말로 하나님을 상실하고, 하나님의 말씀을 잃어버린 비극입니다. 세상을 살려 낼 유일한 길은 말씀 그 자체이신 예수 그리스도 외에는 없습니다. 그 어떤 좋은 명분도 하나님의 말씀을 제쳐 두고 시작할 수 없습니다. 다시 말씀으로 돌아가야 합니다. 문제 해결의 열쇠는 오직 말씀이신 예수 그리스도입니다.

성령과 지혜가 충만한 자

사도들은 초대교회에 따로 재정과 봉사를 맡을 일꾼을 세우기로 하였습니다. 그

선발 기준은 '성령과 지혜가 충만하여 칭찬 받는 사람'입니다. 경험만 많은 사람이 아니라 성령과 지혜가 충만한 균형 잡힌 사람입니다. 한 가지 더, 칭찬 받는 사람이 되어야 합니다. 이들은 누군가에게 잘 보이려고 겉으로 비위를 맞추거나 인기를 끄는 사람이 아닙니다. 내면이 아름다운 사람이요, 신뢰받는 사람입니다. 이렇게 일꾼이 세워진 후에, "하나님의 말씀이 점점 왕성하여 예루살렘에 있는 제자의 수가 더 심히 많아지고 허다한 제사장의 무리도 이 도에 복종하니라"(7절)라고 말씀합니다. 말씀이 왕성해지면서 사람이 더 많아졌습니다. 중요한 것은 말씀이 왕성해지는 것입니다. 이것이 건강하고 바른 교회를 세우는 길입니다.

1. 오늘 나눈 말씀 가운데 특별히 마음에 와닿은 구절이나 배움을 통하여 깨달은 점이나 느낀 점이 있다면 무엇이었습니까?
2. 우리가 말씀을 제쳐 놓고 행하는 일은 없는지 생각해 봅시다.

생활 속으로

다음과 같은 상황에서 나에게 꼭 필요한 성경 말씀을 찾아보고 암송해 봅시다.

- 내가 병들었을 때
- 내가 외로울 때
- 자녀들을 위해 기도할 때
- 세상에 어려운 일들이 생길 때

시편으로 드리는 기도

시편 19 : 7~8

하나님, 주님의 말씀은 완전하고 영혼을 소성시키며 우둔한 자를 지혜롭게 하고 마음을 기쁘게 하고 눈을 밝게 하시오니 나로 하여금 말씀의 사람이 되게 하옵소서. 아멘.

제42과 하나님의 약속을 위해 세워진 바울

[오늘의 말씀 _ 사도행전 9 : 15]

주께서 이르시되 가라 이 사람은 내 이름을 이방인과 임금들과 이스라엘 자손들에게 전하기 위하여 택한 나의 그릇이라

[찬송 _ 찬송가 329장(통 267장) 1절]

주 날 불러 이르소서 말씀대로 전하리라
나 주님의 뜻을 따라 길 잃은 양 찾으리다

[삶을 나눠요]

너무 심각하게 생각지 말고 다음의 질문에 간단한 답을 서로 나누어 봅시다.
1) 나는 누구입니까? 2) 나는 무엇을 위해 살고 있습니까?

마음을 여는 글

어느 교회에 연세가 드신 할머니가 교회 사무실에 와서 새로 등록한 교인 명단을 달라고 하셨습니다. 교회 사무원이 드릴 수 없다며, 왜 그러시냐고 하면서 실랑이가 생겼습니다. 할머니는 "내가 새 교우를 위하여 이름을 불러가며 기도하려고 그래요."라고 말씀하셨습니다. 이와 같이 계속해서 우리가 하나님을 위하여 할 일은 무엇입니까?

말씀 속으로

오늘 본문은 "사울이 주의 제자들에 대하여 여전히 위협과 살기가 등등하여"(1절)라고 시작합니다. 사울은 교회와 제자들 뿐 아니라 주님에 대하여도 살기가 등등했던 사람입니다. 모든 교회를 없애기 위해 예수님을 믿는 남녀를 잡아가다 옥에 가두었습니다. 그리고 다메섹에 가서 예수님을 믿는 자들을 박해하는 일을 계속하려던 사람이었습니다. 그러나 사도행전 9장 15절에 주님은 "이 사람은 내 이름을 이방인과 임금들과 이스라엘 자손들에게 전하기 위하여 택한 나의 그릇이라"라고 선포합니다. 즉, 하나님의 구원의 약속인 복음을 위하여 세워졌다는 것입니다.

사울뿐만 아니라 그 누구라도 주님께서 부르시고 세워 주시면 쓰임 받을 수 있습니다. 하나님께서는 바울을 세우시기 위하여 다음과 같이 행하셨습니다.

첫째, 잘못 달려가는 길을 막으십니다. (빛으로 둘러싸서)
둘째, 부르십니다. (사울아! 사울아!)
셋째, 잘못(죄)을 깨닫게 하십니다. (어찌하여 핍박하느냐?)
넷째, 예수님을 알게 하고, 돕는 자를 허락하십니다.
다섯째, 회개와 기도를 통하여 새로운 삶을 열어 가게 하십니다.

하나님께서는 이러한 과정을 통하여 사울을 하나님의 사람으로 세우시고 복음 사역을 감당하게 하셨습니다. 하나님의 전적인 은혜로 제자가 된 사울에게 주님은 "그가 내 이름을 위하여 얼마나 고난을 받아야 할 것을 내가 그에게 보이리라"(16절)라고 선포하십니다. 하나님께 세워진 이후, 바울이 된 사울은 하나님의 복음을 위하여 많은 고난을 겪습니다. 그러나 바울은 받은 고난에 불만과 불평을 품지 않고 오히려 감사와 영광으로 여기며 끝까지 달려가는 주님의 종이 됩니다.

1. 오늘 말씀 가운데 특별히 마음에 와닿은 구절이나 배움을 통해 깨달은 것, 혹은 느낀 점이 있다면 무엇이었습니까?
2. "하나님께서 하나님 나라를 위해 나를 세우셨습니다."라고 고백해 봅시다.

생활 속으로

지금 내가 하나님을 위해 할 수 있는 일을 적어 보고, 기도합시다.

교회에서	친구 사이에서
가정에서	사회에서

시편으로 드리는 기도

시편 8 : 3~5

하나님, 부족한 죄인에게 존귀로 관을 씌워 주시니 감사합니다. 복의 근원이 되게 하시고 주님을 위하여 쓰임 받게 하옵소서. 아멘.

제43과 끊을 수 없는 하나님의 사랑

[오늘의 말씀 _ 로마서 8 : 39]

높음이나 깊음이나 다른 어떤 피조물이라도 우리를 우리 주 그리스도 예수 안에 있는 하나님의 사랑에서 끊을 수 없으리라

[찬송 _ 찬송가 309장(통 409장) 1절]

목마른 내 영혼 주가 이미 허락한 그 귀한 영생수 주여 갈망합니다
그 약속 따라서 힘써 간구하오니 오 주여 내 기도 어서 들어주소서
예수의 사랑 예수의 사랑 바다 물결 같이 내게 임하니
영광의 물결에 온전히 싸여서 내 영혼의 기쁨 한량없도다

[삶을 나눠요]

오늘 가족들에게 "사랑한다"라는 말을 건네 봅시다. 그리고 서로 나누어 봅시다.

마음을 여는 글

다음 글을 조용히 읽어 봅시다.
"항상 서로를 믿고, 같이 즐길 수 있고, 바라만 봐도 웃을 수 있고, 서로에게 감사하며, 말하지 않아도 느낄 수 있고, 서로를 존경하면서, 떨어져 있어도 생각하고, 잘못을 용서하고, 서로를 필요로 하고, 서로의 감정을 이해해 주는 일……. 사랑이라는 말 외에는 답이 없는 것 같습니다."

말씀 속으로

로마서 8장에 나타난 하나님의 사랑은 자기 아들을 아끼지 아니하고 주신 사랑입니다. 하나님께서 우리를 위하시는데 자기 아들을 아끼지 아니하시고 우리 모든 사람을 위하여 그 아들과 함께 모든 것을 우리에게 주신 사랑(롬 8 : 32)입니다. 그리고 이 사랑은 누구도 대적할 수 없고, 막을 수도 없고, 끊을 수 없습니다. 우리를 하나님의 사랑에서 끊을 수 있는 것은 세상 그 어떤 것으로도 불가능한 것입니다. 그래서 하나님의 끊을 수 없는 그 사랑을 받은 우리는 누가 우리를 그리스도의 사랑에서 끊으리요 환난이나 곤고나 박해나 기근이나 적신이나 위험이나 칼이랴라고 고백할 수 있습니다. 심지어 도살장으로 끌려가는 양의 입장이어도 하나님의 사랑에서 우리를 끊을 수 없노라고 고백하고 감사로 찬양하며 응답해야 합니다.

끊을 수 없는 하나님의 사랑을 기억하며 우리에게 닥치는 모든 상황 속에서 넉넉히, 여유 있게 이길 수 있는 자신감과 확신을 가지고 살아야 합니다. 하나님을 믿는 사람은 두려워할 필요도 없고, 걱정할 필요도 없고, 벌벌 떨며 살 필요가 없습니다. 이 세상의 어떤 피조물이라도 그리스도 예수 안에 있는 하나님의 사랑에서 우리를 끊을 수 없기 때문입니다.

선지자 예레미야는 나라가 망할 때, 감옥에 갇혔을 때, 모든 것이 무너질 때도 옛적에 여호와께서 나에게 나타나사 내가 영원한(무궁한) 사건으로 너를 사랑하기에 인자함으로 너를 이끌었다는 말씀을 의지하며 승리했습니다. 십자가의 고난을 눈앞에 두신 예수님은 근심하고 불안해하는 제자들을 사랑하시되 끝까지 사랑하셨고 끊을 수 없는 하나님의 사랑을 증언합니다. 그렇습니다 우리는 끊을 수 없는 하나님의 사랑을 기억하며 그 사랑 안에서 살아가야 합니다.

1. 오늘 말씀 가운데 특별히 마음에 와닿은 구절이나 배움을 통해 깨달은 것, 혹은 느낀 점이 있다면 무엇이었습니까?
2. "세상의 어떤 것도 나를 하나님의 사랑에서 끊을 수 없다."라고 크게 외치며 고백해 봅시다.

생활 속으로

우리를 향한 끊을 수 없는 하나님의 사랑에 대한 나의 고백을 적어 봅시다.
예) 아들을 아끼지 않고 주신 하나님의 사랑에 감사합니다.

시편으로 드리는 기도

시편 18 : 1~3

하나님, 내가 주님을 사랑합니다. 끊을 수 없는 하나님의 사랑에 감사합니다. 오늘도 반석으로, 요새로, 건지시는 분으로, 구원의 뿔로 역사해 주옵소서. 아멘.

제44과 새 언약의 중보자 예수 그리스도

[오늘의 말씀 _ 고린도전서 11 : 25]
식후에 또한 그와 같이 잔을 가지시고 이르시되 이 잔은 내 피로 세운 새 언약이니 이것을 행하여 마실 때마다 나를 기념하라 하셨으니

[찬송 _ 찬송가 284장(통 206장) 1절]
오랫동안 모든 죄 가운데 빠져 더럽기가 한량없던 우리들
아무 공로 없이 구원함을 얻어 하나님의 자녀 지금 되었네
주의 그 사랑 한량없도다 찬송할지어다 예수의 공로
주의 그 사랑 한량없도다 찬송할지어다 예수의 공로

[삶을 나눠요]
성찬식을 한다고 했을 때 어떤 마음으로 준비하는지 서로 나누어 봅시다.

마음을 여는 글

한 그리스도인이 유명한 의사를 만나 대화를 나누었습니다. 불신자였던 의사는 그의 기독교 신앙을 믿을 수 없다며 이렇게 말했습니다. "선생님 같은 지성인이 그런 구식 신화를 믿다니 참 놀랍군요." 그러자 그리스도인이 대답했습니다. "만약 선생님이 효과적인 폐결핵 처방을 알고 있어 그 처방대로 약을 쓰고 치료한 결과 지금까지 한 번도 실패하지 않고 병을 고칠 수 있었다고 가정해 봅시다. 그런데 당신의 처방을 믿지 않고 치료도 받지 못하겠다고 고집하는 환자가 있다면 뭐라 하시겠습니까?" 의사가 대답했습니다. "저라면 어리석은 사람이라고 말할 겁니다." 그러자 그리스도인이 다시 말했습니다. "구원의 복음은 받아들인 사람들에게 한 번도 실패한 적 없는 치료였습니다. 모든 사람들이 영혼의 질병에서 고침을 받았습니다."

말씀 속으로

하나님의 은혜를 기억하는 것은 중요합니다. 신명기에서 하나님께서 모세를 통해 이스라엘 백성들에게 거듭 강조하신 것은 그들이 가나안 땅에 들어가서 살게 될 때 애굽의 종살이에서 구원하신 이가 여호와 하나님이심을 기억하라는 명령이었습니다. 하나님의 율법을 지키는 정신과 안식일과 같은 절기를 지키는 것은 하나님의 은혜를 잊지 않게 하시는 목적이었습니다. 그리고 예수 그리스도를 통해 주신 새 언약의 은혜를 잊지 않도록 주님께서 제정하신 것이 주의 만찬, 곧 성찬입니다.

성찬은 새 언약을 기억하는 것입니다

사도 바울은 주님께 받은 성찬의 의미를 전해 주었습니다. 떡을 떼는 것은 예수님의 찢기신 몸을 기억하는 것이고, 잔을 나누는 것은 예수님의 피로 세운 새 언약을 기억하는 것입니다. 옛 언약이란 모세를 통해 주신 율법을 지킴으로 하나님이 나의 하나님이 되시고, 내가 하나님의 백성이 되었음을 확인하는 약속이었습니다. 그러나 율법 앞에서 우리는 언제나 불완전한 죄인들입니다. 그래서 예수님이 십자가를 지심으로 우리 죄를 대속하셨고, 하나님과 우리 사이의 중보자가 되신 그 은혜를 믿기만 하면 하나님의 자녀가 되는 구원을 얻게 하신 것입니다. 이것이 새 언약입니다. 떡과 잔을 먹고 마실 때마다 나를 위해 죽으신 예수님을 기억하고, 믿음을 새롭게 하고, 예수님과 연합하게 됩니다.

성찬은 새 언약을 전하는 것입니다

예수님은 주의 만찬을 주님이 다시 오실 때까지 행하여 기념하라고 하셨습니다. 그리고 교회가 이것을 행하여 세상을 구원하시는 예수님의 복음을 전해야 한다고 하셨습니다. 성찬을 통해 예수님의 죽으심의 의미를 깨달아 자기를 살펴 회개할 뿐 아니라, 예수님의 사랑 안에 성도들이 하나되어야 합니다. 바울이 교훈한 바와 같이 만찬을 먼저 다 먹지 말고, 모일 때까지 서로 기다리라는 것도 서로 사랑하라는 그리스도인의 정신을 가르쳐 주는 말씀입니다. 예수님의 몸과 피를 먹고 마실 때 우리의 영이 살아나듯이 그 은혜를 전할 때 이웃과 세상에도 소망이 있습니다.

1. 오늘 말씀 가운데 특별히 마음에 와닿은 구절이나 배움을 통해 깨달은 것, 혹은 느낀 점이 있다면 무엇이었습니까?
2. 새 언약의 의미가 무엇이며, 그 의미를 아는 성도에게 성찬이 왜 중요하다고 생각합니까?

생활 속으로

1. 성찬식 때 받았던 감동이나 깨달음의 경험을 서로 나눠 봅시다.
2. 내가 만약 예수님이 제자들과 만찬을 나누시던 자리에 함께 앉아 있었다면, 예수님께 뭐라고 말씀드리고 싶은지 적어 봅시다.

시편으로 드리는 기도

시편 111 : 5

하나님, 주께서는 자기를 경외하는 자들에게 양식을 주시고, 주님의 언약을 영원히 기억하시는 분입니다. 날마다 영의 양식으로 채워 주시고, 십자가 새 언약의 은혜를 기억하는 삶을 살게 하옵소서. 아멘.

제45과 약속을 따라 믿음으로 사는 우리

[오늘의 말씀 _ 히브리서 12:1-2]

이러므로 우리에게 구름같이 둘러싼 허다한 증인들이 있으니 모든 무거운 것과 얽매이기 쉬운 죄를 벗어 버리고 인내로써 우리 앞에 당한 경주를 하며 믿음의 주요 또 온전하게 하시는 이인 예수를 바라보자 그는 그 앞에 있는 기쁨을 위하여 십자가를 참으사 부끄러움을 개의치 아니하시더니 하나님 보좌 우편에 앉으셨느니라

[찬송 _ 찬송가 351장(통 389장) 1절]

믿는 사람들은 주의 군사니 앞서 가신 주를 따라갑시다
우리 대장 예수 기를 들고서 접전하는 곳에 가신 것 보라
믿는 사람들은 주의 군사니 앞서 가신 주를 따라갑시다

[삶을 나눠요]

믿음이란 무엇입니까? 서로 나누어 봅시다.

마음을 여는 글

몇 년 전, 인도양에서 지진으로 쓰나미가 일어나 수십만 명 이상이 죽었습니다. 또 그 후 일본에서도 큰 지진으로 인한 쓰나미로 많은 사람들이 생명과 재산의 손실을 입었습니다. 그런데 놀라운 것은 야생동물의 시체는 없었다는 것입니다. 사람들은 아무도 몰랐지만 짐승들은 미리 알았다는 추론이 가능합니다. 사람들은 눈에 보이는 것, 느낄 수 있는 어떤 감각에 의존하여 상황을 판단합니다. 자신이 보지 못한 것, 경험하지 못한 것은 신뢰하지 않으려고 합니다.

말씀 속으로

그리스도인들이 가장 많이 하는 말은 "믿습니다"일 것입니다. 믿음이란 무엇입니까? 믿음은 하나님께서 주시는 것으로 보이지 않는 것을 바라는 것입니다. 우리는 신념과 믿음을 혼동합니다. 내가 어떤 것이 이뤄지기를 간절히 바라는 것은 나의 신념이지 성경이 말하는 믿음이 아닙니다. 성경이 말하는 믿음의 근거는 나 자신이 아니라 하나님에게서 옵니다.

그렇다면 믿음의 내용은 무엇입니까? 먼저 하나님의 천지창조와 인간의 타락을 전제합니다. 하나님께서 자기의 형상을 따라서 인간을 창조하셔서 그에게 하나님의 통치권을 행사하게 했습니다. 아담은 어떻게 해야 하겠습니까? 하나님을 전적으로 의존하고 순종해야 합니다. 그런데 아담은 하나님의 명령을 거부하고, 하나님과 같이 될 수 있다는 뱀의 말을 듣고 선악과를 따먹었습니다. 이렇게 아담은 사탄의 권세 아래로 들어간 것입니다. 이것이 타락입니다.

하나님을 떠난 인간은 결국은 결핍에 시달릴 수밖에 없습니다. 그래서 찾아오는 것이 고통이며 죽음입니다. 하나님과 연결되어 있던 생명줄이 끊어진 것입니다. 속임수에 넘어간 인간을 기다리는 것은 심판입니다.

하지만 하나님께서 인간을 구원하는 일을 시작하셨습니다. 요한복음 3 : 16에 등장하는 복음의 기쁜 소식이 무엇입니까? 하나님이 세상을 이처럼 사랑하사 이 땅에 그의 아들을 보내셔서 우리 대신 저주와 심판을 받게 하셨습니다. 그리고 주님은 부활하셨습니다. 이러한 모든 것을 믿으면 구원을 주신다고 말씀하셨습니다. 우리가 믿는다는 믿음이 바로 이것입니다. 이 믿음을 굳건히 붙드시기를 바랍니다.

1. 오늘 나눈 말씀 가운데 특별히 마음에 와닿은 구절이나 배움을 통하여 깨달은 점이나 느낀 점이 있다면 무엇입니까?
2. 내 믿음의 근거가 무엇인지 생각해 보고, 서로 나누어 봅시다.

생활 속으로

하나님께서 나를 위해 하신 놀라운 일 세 가지를 주변 사람들에게 말해 봅시다.

첫째, 그 아들 예수님을 이 땅에 보내 주심.

둘째, 나의 죄를 대신해 십자가를 지시고 부활하심.

셋째, 우리를 구원하신 예수님을 믿는 나를 의롭다 하심.

시편으로 드리는 기도

시편 13 : 5~6

하나님, 나는 오직 주의 십자가 구원을 의지하였사오니 나의 마음은 주의 구원을 기뻐합니다. 주께서 내게 베푸신 은혜를 찬양하며 살게 하옵소서. 아멘.

제46과 거룩한 백성으로 사는 우리

[오늘의 말씀 _ 베드로전서 2 : 9–10]

그러나 너희는 택하신 족속이요 왕같은 제사장들이요 거룩한 나라요 그의 소유가 된 백성이니 이는 너희를 어두운 데서 불러 내어 그의 기이한 빛에 들어가게 하신 이의 아름다운 덕을 선포하게 하려 하심이라 너희가 전에는 백성이 아니더니 이제는 하나님의 백성이요 전에는 긍휼을 얻지 못하였더니 이제는 긍휼을 얻은 자니라

[찬송 _ 찬송가 436장(통 493장) 1절]

나 이제 주님의 새 생명 얻은 몸 옛것은 지나고 새 사람이로다
그 생명 내 맘에 강같이 흐르고 그 사랑 내게서 해같이 빛난다
영생을 누리며 주 안에 살리라 오늘도 내일도 주 함께 살리라

[삶을 나눠요]

나의 신분이 새로워질 수 있다면 어떤 삶을 살고 싶습니까? 서로 나누어 봅시다.

마음을 여는 글

영화나 드라마의 단골 소재 중 하나는 누명을 쓴 주인공이 그 누명을 벗고 스스로 자신의 정당함을 드러내는 이야기입니다. 주인공은 누명 때문에 자신의 신분을 상실합니다. 아무도 믿어 주지 않고 손가락질하는 환경에서 묵묵히 자신의 무죄를 주장합니다. 그리고 온갖 어려움과 방해를 무릅쓰고 자신의 결백을 결국 드러낼 때 비록 영화지만 우리는 그 용기에 박수를 보냅니다. 이런 일은 실제로 우리 주변에서 심심치 않게 일어납니다. 만약에 우리가 실제로 그런 일을 당한다면 어떻겠습니까?

말씀 속으로

성경에 등장하는 중요한 주제 중의 하나는 인간이 가지고 있었던 그 고귀한 신분을 어떻게 상실하게 되었는지에 관한 것입니다. 그리고 또한 그 신분이 어떻게 회복되었는지에 관한 것입니다. 인간은 하나님이 창조하신 피조물 중에 가장 뛰어난 존재였고 유일하게 하나님의 형상을 따라 창조되었습니다. 그래서 하나님께서는 아담과 하와에게 세상을 맡기셨습니다. 그런데 아담과 하와는 어떻게 했습니까? 그들은 하나님을 배신했습니다. 하나님 뜻대로가 아니라 자기의 뜻대로 세상을 다스리기 시작했습니다.

그러면 인간이 다스리는 세상은 어떻게 되었습니까? 피조물인 인간이 스스로 하나님이 되어서 통치하던 세상은 잘 유지되었습니까? 아름다운 세상이 되었습니까? 아닙니다. 지금 우리가 사는 이 세상은 계속 망가지고 있습니다. 환경은 파괴되고 있으며, 불평등과 범죄는 더욱 심각해지고 있습니다. 결국 하나님의 심판의 대상이 되고 말았습니다.

하나님께서는 이 세상의 문제를 해결하고자 그의 아들을 보내셨습니다. 그 아들 예수님은 인류를 구원하기 위해서 십자가에서 대속제물이 되셨습니다. 십자가 죽음을 통해서 새로운 언약을 체결하셨고 예수님을 믿는 사람들에게 아담이 상실한 신분을 새롭게 회복시키셨습니다. 본문은 우리를 택하심을 받은 족속이요, 왕과 같은 제사장들이요, 거룩한 민족이요, 하나님의 소유가 된 백성이라고 말합니다. 이는 놀라운 선언입니다.

그러므로 우리는 예수님을 믿는 사람으로 세상 속에서 살아갈 때, 으리 삶의 영역을 하나님의 뜻대로 다스리고 통치해야 합니다. 그곳이 가정일 수도 있고, 일터일 수도 있습니다. 우리가 어디에 있든지 하나님의 뜻이 임하도록 해야 합니다. 세상에 만연한 부정과 거짓, 술수를 몰아내고 거기에 하나님이 다스리면 나타나야 할 모습이 현실이 되도록 해야 합니다. 우리는 하나님의 거룩한 백성답게 살아야 할 것입니다.

1. 오늘 나눈 말씀 가운데 특별히 마음에 와닿은 구절이나 배움을 통하여 깨달은 점이나 느낀 점이 있다면 무엇입니까?
2. 하나님의 백성으로서 내가 변화시켜야 할 일은 무엇입니까?

생활 속으로

나를 통해서 하나님의 거룩한 뜻을 어떻게 드러내야 할지 적어 봅시다.

첫째, 가정에서 ______________________________

둘째, 일터에서 ______________________________

셋째, 교회에서 ______________________________

시편으로 드리는 기도

시편 78 : 2, 4

하나님, 나는 주의 백성이오니 내가 입을 열어 말씀을 증거하며 감추어졌던 주의 은혜를 드러내고자 합니다. 주의 놀라운 일을 이 세상에 삶으로 증거하며 살게 하옵소서. 아멘.

제47과 추수감사주일 : 풍성함을 함께 누리는 우리

[오늘의 말씀 _ 빌립보서 4 : 16-20]

데살로니가에 있을 때에도 너희가 한 번뿐 아니라 두 번이나 나의 쓸 것을 보내었도다 내가 선물을 구함이 아니요 오직 너희에게 유익하도록 풍성한 열매를 구함이라 내게는 모든 것이 있고 또 풍부한지라 에바브로디도 편에 너희가 준 것을 받으므로 내가 풍족하니 이는 받으실 만한 향기로운 제물이요 하나님을 기쁘시게 한 것이라 나의 하나님이 그리스도 예수 안에서 영광 가운데 그 풍성한 대로 너희 모든 쓸 것을 채우시리라 하나님 곧 우리 아버지께 세세 무궁하도록 영광을 돌릴지어다 아멘

[찬송 _ 찬송가 589장(통 308장) 1절]

넓은 들에 익은 곡식 황금물결 뒤치며 어디든지 태양빛에 향기 진동하도다
무르익은 저 곡식은 낫을 기다리는데 때가 지나가기 전에 어서 추수합시다

[삶을 나눠요]

복음 전파와 영혼 구원을 위해 물질을 드리는 것에 최선을 다하고 있습니까? 서로 나누어 봅시다.

마음을 여는 글

자녀를 키우면서 느낀 것은 자녀들이 부모에게 도움을 요청하는 경우가 많다는 것입니다. 어떤 분이 이런 말을 하셨습니다. “나는 대개 아이들이 필요로 하는 것에 부모로서 도움을 주고 있지만 어떤 때는 해답이나 해결책을 줄 수 없을 때도 종종 있습니다.” 내가 할 수 있는 대로 다 도와주고 싶어도 나에게 모든 것에 대한 해답이나 방법이 있는 것은 아닙니다. 인간의 모든 요구를 다 들어줄 수 있는 사람이 누가 있겠습니까? 그러나 그 모든 해답을 가지고 있는 분이 있습니다. 바로 하나님께서 우리의 모든 쓸 것을 채워 주십니다.

말씀 속으로

빌립보서 4 : 19에 “나의 하나님이 그리스도 예수 안에서 영광 가운데 그 풍성한 대로 너희 모든 쓸 것을 채우시리라”라고 했습니다. 빌립보 교회는 바울을 물질적으로 도왔습니다. 바울을 신뢰하고 이해했던 빌립보 교회는 바울의 복음 사역을 돕기 위하여 바울이 어디에 가든지 계속 소식을 전하고 기꺼이 원조금을 보냈을 것입니다. 빌립보 교회 성도들의 필요를 하나님께서 채워 주신다는 것은 그들이 풍족한 가운데서가 아니라 부족한 형편 가운데서도 바울의 사역을 물질로 도와주었음을 암시해 줍니다. ‘채우시리라’는 말씀은 하나님께서 반드시 채워 주실 것을 조금도 의심치 않고 믿는다는 의미를 함축하고 있습니다. 바울이 강조하고자 하는 것은 하나님께서 자신의 모든 물질적 필요를 채우셨던 것처럼, 빌립보 교회 성도들의 모든 필요를 채우실 하나님의 신실성입니다.

하나님께서는 명철이 한이 없으신 분이기 때문에 우리가 원하고 있는 것이 정말 우리에게 필요한 것이라면 정확하게 채우시고 인도하십니다. 우리가 무거운 짐을 지고 지쳐서 더 이상 일을 계속할 수 없을 때, 고통을 받고 있을 때, 예수님은 우리에게 말씀하십니다. “수고하고 무거운 짐 진 자들아 다 내게로 오라 내가 너희를 쉬게 하리라”(마 11 : 28). 우리가 무엇을 어떻게 해야 할지 모를 때 하나님은 우리를 인도하시겠다고 말씀하십니다. “이 하나님은 영원히 우리 하나님이시니 그가 우리를 죽을 때까지 인도하시리로다”(시 48 : 14). 또한 우리 죄를 하나님께 자백하면 하나님은 죄를 사하시겠다고 말씀하십니다. “만일 우리가 우리 죄를 자백하면 그는 미쁘시고 의로우사 우리 죄를 사하시며 우리를 모든 불의에서 깨끗하게 하실 것이요”(요일 1 : 9).

하나님께서는 우리가 원하는 것을 가지고 그분께 나아오기를 원하시는 우리의 아버지이십니다. 큰일을 앞두거나 어떤 사업과 계획을 앞두면 걱정이 되는 것이 사실입니다. 그동안 기도하면서 준비한 모든 계획들이 잘 이루어질지, 또 그 진행과정에서 원하는 목표가 달성될지도 걱정입니다. 그러나 하나님의 말씀을 기억하면 걱정은 끝입니다. “그 풍성한 대로 너희 모든 쓸 것을 채우시리라”(빌 4 : 19).

1. 오늘 나눈 말씀 가운데 특별히 마음에 와닿은 구절이나 배움을 통하여 깨달은 점이나 느낀 점이 있다면 무엇이었습니까?
2. 우리의 걱정을 끝나게 해 주시는 말씀이 무엇입니까?

생활 속으로

1. 지금까지 살아오면서 하나님께서 나의 쓸 것을 채워 주신 것을 기억하고 감사 목록을 적어 봅시다.
2. 가족과 성도들, 그리고 주변 사람들에게 필요한 것이 무엇인지 찾아보고 채워 주는 사랑을 베풀어 봅시다.

시편으로 드리는 기도

시편 107 : 8~9

사랑의 하나님, 내 인생에 행하신 기적같은 은혜들로 인하여 찬송합니다. 주께서 사모하는 영혼에게 만족을 주시며 주린 영혼에게 좋은 것으로 채워 주심을 믿습니다. 그 믿음으로 풍성한 사랑을 체험하며 감사하는 삶을 살게 하옵소서. 아멘.

제48과 대림절 1 : 천사가 알려 준 소식

[오늘의 말씀 _ 누가복음 1 : 30-32]

천사가 이르되 마리아여 무서워하지 말라 네가 하나님께 은혜를 입었느니라 보라 네가 잉태하여 아들을 낳으리니 그 이름을 예수라 하라 그가 큰 자가 되고 지극히 높으신 이의 아들이라 일컬어질 것이요 주 하나님께서 그 조상 다윗의 왕위를 그에게 주시리니

[찬송 _ 찬송가 96장(통 94장) 1절]

예수님은 누구신가 우는 자의 위로와 없는 자의 풍성이며
천한 자의 높음과 잡힌 자의 놓임 되고 우리 기쁨 되시네

[삶을 나눠요]

'예수님' 하면 가장 먼저 생각나는 것이 무엇입니까? 서로 나누어 보십시오.

마음을 여는 글

20세기 후반, 사상 깊은 세계 지도자들 가운데 체코 공화국의 초대 대통령을 지낸 바츨라프 하벨이 있습니다. 그는 특유의 관점으로 사회주의와 자본주의를 둘 다 깊이 들여다보았고, 둘 중 어느 쪽도 그 자체로 인류의 중대한 문제들을 해결해 주리라고 낙관하지 않았습니다. 첨단 기술과 정부, 시장이 핵전쟁, 인종 간 갈등과 폭력, 환경 파괴로부터 우리를 구원할 수 없다고 결론지었습니다. 하벨은 인류가 추구하는 행복한 삶은 스스로 구원에 이를 수 없으며 민주주의로도 부족하다고 했습니다. 그러면서 그는 이렇게 결론내렸습니다. "우리는 하나님께로 돌아서서 그분을 구해야만 한다. 인간은 신이 아니다."

말씀 속으로

천사는 마리아에게 아이의 이름을 '예수'라 지으라고 했습니다. '예수'라는 이름은 '구원하다'라는 뜻입니다. 성경에서는 예수님을 "그가 자기 백성을 그들의 죄에서 구원할 자"(마 1 : 21)이시며, "그가 …… 지극히 높으신 이의 아들이라 일컬어질 것"(눅 1 : 32)이라고 증거합니다. 빌립보서 2장에서 그 사실을 잘 알려 주고 있습니다. 6절에서 "그는 근본 하나님의 본체시나 하나님과 동등됨을 취할 것으로 여기지 아니하시고" 7절에서 "오히려 자기를 비워 종의 형체를 가지사 사람들과 같이 되셨고" 8절에서 "사람의 모양으로 나타나사 자기를 낮추시고 죽기까지 복종하셨으니 곧 십자가에 죽으심이라"라고 했습니다. 하나님은 우리에게 그렇게 예수님이라는 선물을 주셨습니다. 독생자 예수 그리스도가 인간의 몸을 입고 낮은 이 땅으로 오셨고, 복음을 전파하시고, 치유하시고, 가르치시며, 결국 십자가에 죽기까지 복종하셔서, 우리에게 죄 사함과 영생, 구원의 길을 열어 주셨습니다. 예수님이 이 땅에 오시지 않았다면 우리에게는 죄 사함도, 영생도, 구원도 없습니다.

우리는 예수님이라는 말을 참 자주 사용합니다. 예수님이라는 이름 없이 우리는 기도하지 못하고, 신앙생활을 하지 못합니다. 그렇다면 예수님의 이름을 말할 때마다 어떤 마음가짐으로 그 이름을 사용하셨습니까? 성경은 예수라는 이름은 '자기 백성을 그들의 죄에서 구원할 자'라고 했습니다. 우리를 죄에서 구원하여 주실 분은 예수님 밖에 없습니다. 아직 죄에서 구원받지 못한 우리의 부모, 형제, 자식들을 생각하면 예수님의 이름은 반드시 필요합니다. 우리의 삶 속에서 고난과 문제, 위기가 닥쳤을 때도 필요한 이름이 구원자 예수님입니다. 우리가 죄 사함을 받고 천국에 이를 때 필요한 이름이 구원자 예수님입니다. 예수님의 이름은 거룩한 이름이요, 존귀한 이름입니다. 우리는 예수님의 이름을 부를 때, 얼마나 진지한 마음가짐과 거룩한 마음으로 불렀으며, 얼마나 감사한 마음으로 불렀습니까? 이제는 예수님의 이름을 존귀하게 여기시기 바랍니다. 죄에서 구원하여 주신 은혜에 감사하는 마음으로 예수님의 이름을 부르고, 다시 오실 주님을 기다리며 살아가기 원합니다.

1. 오늘 나눈 말씀 가운데 특별히 마음에 와닿은 구절이나 배움을 통하여 깨달은 점이나 느낀 점이 있다면 무엇이었습니까?
2. '예수'라는 이름의 뜻은 무엇입니까?

생활 속으로

1. 내 주변에 구원자 예수님의 이름을 전해 주어야 할 사람은 누구입니까? 그들을 위해 기도합시다.
2. 다시 오실 예수 그리스도를 기다리며 예수님께 편지를 써 봅시다.

시편으로 드리는 기도

시편 40 : 1~2

하나님, 내가 여호와를 기다리고 기다립니다. 귀를 기울이사 나의 부르짖음을 들어주옵소서. 나를 기가막힐 웅덩이와 수렁에서 끌어 올리시고 내 발을 반석 위에 두사 내 걸음을 견고하게 하옵소서. 아멘.

제49과 대림절 2 : 예수님을 기다리는 삶

[오늘의 말씀 _ 데살로니가전서 1 : 7–10]

그러므로 너희가 마게도냐와 아가야에 있는 모든 믿는 자의 본이 되었느니라 주의 말씀이 너희에게로부터 마게도냐와 아가야에만 들릴 뿐 아니라 하나님을 향하는 너희 믿음의 소문이 각처에 퍼졌으므로 우리는 아무 말도 할 것이 없노라 …… 또 죽은 자들 가운데서 다시 살리신 그의 아들이 하늘로부터 강림하실 것을 너희가 어떻게 기다리는지를 말하니 이는 장래의 노하심에서 우리를 건지시는 예수시니라

[찬송 _ 찬송가 104장(통 104장) 1절]

곧 오소서 임마누엘 오 구하소서 이스라엘
그 포로 생활 고달파 메시야 기다립니다
기뻐하라 이스라엘 곧 오시리 오 임마누엘

[삶을 나눠요]

기다림의 인내를 끝까지 지켜 주는 힘은 무엇입니까? 서로 나누어 봅시다.

마음을 여는 글

생텍쥐페리의 『어린왕자』라는 책에 보면, 여우가 주인공 어린 왕자를 다시 만날 때 이렇게 말합니다. "만약 네가 오후 4시에 온다면 난 3시부터 벌써 행복해지기 시작할 거야." 기다림의 대상이 있다면, 이미 그 대상을 기다리는 순간 우리는 행복을 경험하게 됩니다. 아빠를 기다리는 아이들은 아빠가 집을 떠날 때부터 기다립니다. 하루 종일 아빠를 기다리는 마음으로 하루를 행복하게 보내는 것입니다. 저녁에 아빠가 돌아와서 함께 즐겁게 놀아 줄 것이라는 상상은 행복, 그 이상의 마음을 줍니다. 바울은 "범사에 감사하라"(살전 5 : 18)라고 합니다. 어떻게 범사에 감사할 수 있습니까? 그것은 주님을 늘 기다리는 마음을 품고 사는 것입니다.

말씀 속으로

데살로니가전서는 바울 서신들 가운데 가장 먼저 쓰인 것으로 추측됩니다. 그런데 아이러니하게도 주제는 '종말'입니다. 마지막 때 주님이 오실 그때를 기다리는 성도들을 위해 기록된 바울의 편지입니다. 따라서 데살로니가전서는 예수 그리스도의 재림을 기다리는 신앙을 전합니다. 오늘 본문은 바울이 데살로니가 교인들이 "마게도냐와 아가야에 있는 모든 믿는 자의 본이 되었느니라"(7절)라고 증거합니다. 어떻게 그들은 다른 지방의 성도들에게 믿음의 본이 되는 신앙을 살았을까요?

참된 회개의 신앙을 살아야 합니다

데살로니가 교회 교인들을 닮고자 하는 성도들이 "너희가 어떻게 우상을 버리고 하나님께로 돌아와서 살아 계시고 참되신 하나님을 섬기는지"(9절)라고 궁금해했다고 본문은 기록합니다. 7절에서처럼 마게도냐와 아가야의 성도들이 데살로니가 교회 교인들의 믿음을 좇아가고자 했던 첫 번째 이유는 참된 회개가 그들 안에 있었기 때문입니다. 데살로니가 교회 사람들은 우상을 버린 것 뿐아니라 하나님만 섬기고 다시 오실 예수님을 기다렸습니다. 참된 회개의 신앙을 사는 것은 잘못을 돌이키고 회복하여 다시 옳은 삶을 살아가느냐가 중요합니다. 바로 데살로니가 교회 교인들은 그런 참된 회개의 삶을 살았습니다.

곧 오실 주 예수 그리스도를 온전히 기다려야 합니다

본문 10절에서 "죽은 자들 가운데서 다시 살리신 그의 아들이 하늘로부터 강림하실 것을 너희가 어떻게 기다리는지를 말하니"라고 증거합니다. 데살로니가 교회 교인들은 예수님을 기다리면서 더욱 믿음을 지켰고, 도덕과 윤리를 지켰으며, 보이는 것보다 보이지 않는 세상을 향한 비전을 가지고 있었습니다. 그래서 그들이 본이 되는 신앙인들이 된 것입니다. 예수님을 온전히 기다리는 신앙을 살아간다면, 우리 믿음의 삶은 더욱 본이 되는 그리스도인의 삶이 될 것입니다.

1. 오늘 나눈 말씀 가운데 특별히 마음에 와 닿은 구절이나 배움을 통하여 깨달은 점이나 느낀 점이 있다면 무엇이었습니까?
2. 데살로니가 교회 교인처럼 주 예수 그리스도를 기다리는 믿음의 삶을 살기 위해서 우리가 더욱 갖추어야 할 신앙의 모습은 무엇이 있습니까?

생활 속으로

1. 내일 당장 예수님이 오신다 할지라도 데살로니가 교회 성도들처럼 부끄럽지 않은 신앙의 모습이 있다면 무엇이 있습니까?
2. 내일 당장 예수님이 오신다 해도 여전히 바꾸지 못한 신앙의 모습은 무엇이 있습니까?

시편으로 드리는 기도

시편 37 : 7~9

하나님, 주님 앞에 잠잠하고 참고 기다리며 악한 꾀를 이루는 자 때문에 불평하지 않는 신앙의 삶을 살게 하소서. 매 순간 분을 그치고 노를 버리며 불평하지 않아 악으로부터 떠나는 삶을 살게 하소서. 오직 여호와를 소망하는 자가 되어 주님이 허락하신 땅을 차지하게 하소서. 아멘.

제50과 대림절 3 : 새 하늘과 새 땅

[오늘의 말씀 _ 요한계시록 21 : 1–7]

또 내가 새 하늘과 새 땅을 보니 처음 하늘과 처음 땅이 없어졌고 바다도 다시 있지 않더라 또 내가 보매 거룩한 성 새 예루살렘이 하나님께로부터 하늘에서 내려오니 그 준비한 것이 신부가 남편을 위하여 단장한 것 같더라 …… 이기는 자는 이것들을 상속으로 받으리라 나는 그의 하나님이 되고 그는 내 아들이 되리라

[찬송 _ 찬송가 552장(통 358장) 1절]

아침 해가 돋을 때 만물 신선하여라 나도 세상 지낼 때 햇빛 되게 하소서
주여 나를 도우사 세월 허송 않고서 어둠 세상 지낼 때 햇빛 되게 하소서

[삶을 나눠요]

변화가 필요할 때, 나를 변화하도록 이끄는 힘의 원동력은 무엇입니까? 서로 나누어 봅시다.

마음을 여는 글

한 중동 지방에 카펫 장인이 있었습니다. 그가 내놓은 모든 카펫은 고가에 팔려 나가곤 했습니다. 그래서 경쟁하던 카펫 기술자가 몰래 카펫 장인의 공장에 갔습니다. 몇 명의 직원들이 장인과 함께 카펫을 짜고 있었습니다. 그런데 한 직원이 실수했다고 이야기합니다. 그때 카펫 장인은 실수한 다음에 어떻게 무늬와 모양을 만들어야 할지를 이야기해 줍니다. 잘못 짜인 카펫을 버리거나 그런 실수를 한 직원을 꾸중하는 것이 아니라 그 실수와 잘못을 그대로 수용하고 그곳에서부터 다시 새롭게 카펫을 짜기 시작하는 것입니다. 실수로 매듭된 부분이 또 다른 무늬를 만들면서 새로운 카펫이 만들어졌습니다. 이 모습을 본 경쟁하던 기술자는 왜 그가 카펫 장인인지 알게 되었습니다.

말씀 속으로

사망을 달려가던 삶에서 생명을 맛보는 삶으로 변화해야 합니다.

새 하늘과 새 땅이 이뤄지는 세상은 "사망이 없고 애통하는 것이나 곡하는 것이나 아픈 것이 다시 있지 아니하리니"(4절)라고 증거합니다. 우리 그리스도인의 목표는 새 하늘과 새 땅을 이 땅에 이루는 것이요, 종말의 때 그 세상을 완성하는 것입니다. 예수님이 하나님 나라가 가까이 왔다고 가장 먼저 외치셨던 것처럼 우리는 하나님 나라를 늘 소망하며 살아야 합니다. 하나님 나라는 곧 새로운 하늘, 새로운 땅으로 임할 것입니다. 또한 우리는 이 땅에서 먼저 구원받은 자로서 사망과 죽음을 향해 가는 자들이 아니라, 생명과 구원을 맛보고 성취해 가는 자들이 되어야 할 것입니다.

지는 자가 아니라 이기는 자가 되어야 합니다.

주님은 "이기는 자는 이것들을 상속으로 받으리라"(7절)라고 말씀하십니다. 사탄은 우리를 그늘지고 어두운 세상으로 이끌고자 합니다. 그러나 우리는 믿음으로 승리하는 자가 되어, 하나님 나라를 항상 꿈꾸어야 합니다. 십자가의 고난이 의미 있는 것은 그것을 이기고 부활하신 예수 그리스도 때문입니다. 항상 이기는 자가 되어 새 하늘과 새 땅을 우리 삶에서 이루어 내길 바랍니다.

1. 오늘 말씀 가운데 특별히 마음에 와닿은 구절이나 배움을 통해 깨달은 것, 혹은 느낀 점이 있다면 무엇이었습니까?
2. 실패와 좌절을 경험하는 삶일지라도 하나님 나라를 소망하며 이 땅에서 새 하늘과 새 땅을 이루어 갈 수 있는 방법은 무엇입니까?

생활 속으로

주변에 좌절하며 포기하려고 하는 이들이 있다면, 우리는 어떤 조언과 격려를 할 수 있을지 생각해 봅시다.

시편으로 드리는 기도

시편 24 : 1~5

하나님, 땅과 이곳에 충만한 모든 것이 다 주님의 것임을 고백합니다. 이곳에 터를 세우시고 거룩한 것을 건설하신 주님, 그곳에 들어가기 위해 깨끗하고 청결하며 허탄한 것을 두지 아니하는 영혼을 가져 완전히 새로운 모습으로 주님 앞에 서는 저희가 되게 하여 주옵소서. 아멘.

제51과 대림절 4 : 성탄절 약속대로 오신 예수님

[오늘의 말씀 _ 마태복음 2 : 1–11]

헤롯 왕 때에 예수께서 유대 베들레헴에서 나시매 동방으로부터 박사들이 예루살렘에 이르러 말하되 유대인의 왕으로 나신 이가 어디 계시냐 우리가 동방에서 그의 별을 보고 그에게 경배하러 왔노라 하니 헤롯 왕과 온 예루살렘이 듣고 소동한지라 …… 박사들이 왕의 말을 듣고 갈새 동방에서 보던 그 별이 문득 앞서 인도하여 가다가 아기 있는 곳 위에 머물러 서 있는지라 그들이 별을 보고 매우 크게 기뻐하고 기뻐하더라 집에 들어가 아기와 그의 어머니 마리아가 함께 있는 것을 보고 엎드려 아기께 경배하고 보배합을 열어 황금과 유향과 몰약을 예물로 드리니라

[찬송 _ 찬송가 116장(통 116장) 1절]

동방에서 박사들 귀한 예물 가지고 산을 넘고 물을 건너 별따라 왔도다
오 탄일 밤의 밝은 별 아름답고 빛난 별 아기 예수 계신 곳에 우리 인도하여라

[삶을 나눠요]

자신의 태몽이나 태어났을 때 이야기를 서로 나누어 봅시다.

마음을 여는 글

어느 유치원 선생님이 부모님들을 초청하여 종이 한 장씩을 나누어 주고 설문을 냈습니다. "지금 당신의 어린 자녀가 자라나서 장차 어떤 사람이 되기를 바라십니까? 나누어 드린 종이에 그것을 써 주십시오." 부모님들은 기술자, 학장, 의사, 판검사 등 모두 한 가지씩 바라는 인물을 썼습니다. 그런데 한 어머니는 색다른 대답을 했습니다. "'미안합니다. 제 잘못입니다'라고 말할 줄 아는 사람이 되기를 바랍니다." "미안합니다. 내 잘못입니다."라고 말하기는 참 어려운 법인데, 그 어머니는 자신의 아이가 인격적으로 큰 인물이 되기를 바랐던 것 같습니다.

말씀 속으로

동방의 박사들은 별을 관측하고 유대인의 왕으로 오실 아이가 태어날 것을 먼저 알았습니다. 그들은 동방에서부터 베들레헴으로 별을 따라 찾아옵니다. 바라고 바라던 그 아이를 보기 위해서였습니다. 이들은 하룻길을 찾아온 것이 아닙니다. 명확하진 않지만 분명한 것은 아주 먼 곳이지, 베들레헴 근방에서 온 것은 아니라는 사실입니다.

동방에서 온 박사들은 희미하지만, 믿음으로 찾아왔습니다

유대인들은 메시야를 고대했기에 예언을 분명히 알았습니다. 지명까지도 알고 있었고, 그 예언 그대로 베들레헴에서 아기는 태어났습니다. 하지만 박사들은 전혀 몰랐습니다. 단지 그 별이 유대인의 왕이 태어날 징조임을 알고, 그 별만 보고 쫓아온 것입니다. 대제사장들과 서기관들은 이미 예언을 알고 있었습니다. 그리스도가 태어날 장소도 알았습니다. 그러나 믿음으로 메시야를 찾는 자는 정작 아무 것도 모르던 동방의 박사들이었습니다. 믿음은 아는 것과 비례하지 않습니다. 믿음은 알고 이해하는 것이 아닙니다. 아는 것이 없을 지라도 바라기에 믿는 것입니다. 보고 믿는 것이 아니라 보이지 않기 때문에 믿는 것입니다. 믿음으로 찾고 바라고 내딛는 것입니다.

믿음으로 내딛는 사람만이 기쁨의 열매를 맺을 수 있습니다

동방의 박사들은 믿음으로 아기 예수님을 찾아왔습니다. 믿음으로 순례의 길을 떠났습니다. 어디로 가야 할지 알지 못했고, 계획 없이 믿음의 여정에 발을 내딛었습니다. 그리고 결국 구유에 누인 아기 예수님을 만납니다. 그리고 아기 예수님이 진정한 유대인의 왕임을 믿고, 경배를 드렸습니다. 여러 위험을 무릅쓰고 애지중지 가져온 고귀한 예물과 함께 말입니다. 그들의 고된 여정은 기쁨의 열매로 환원되었습니다. 그들의 무모한 행동은 믿음으로 기쁨의 결실을 맺었습니다.

1. 오늘 나눈 말씀 가운데 특별히 마음에 와닿은 구절이나 배움을 통하여 깨달은 점이나 느낀 점이 있다면 무엇이었습니까?
2. 바랄 수 없는 상황에서도 믿음의 여정을 내딛을 때 기쁨의 열매를 맺을 수 있다는 말씀이 지금 나의 삶에 어떤 믿음의 도전을 줍니까?

생활 속으로

지금 우리 가정과 교회가 믿음으로 도전해야 할 것은 어떤 것이 있습니까?

시편으로 드리는 기도

시편 126 : 3~6

나를 위해 큰 일을 행하시는 위대하신 하나님, 하나님께 영광과 찬송을 올려드립니다. 하나님께서 나의 아버지가 되심에 감사하고, 하나님께서 내 삶을 인도하시니 기쁩니다. 지금은 비록 눈물을 흘리며 씨를 뿌리지만, 하나님께서 반드시 기쁨으로 단을 거두게 하실 것이기에 믿음으로 나아갈 수 있도록 도와주옵소서. 아멘.

제52과 성탄절 : 다시 오실 예수님

[오늘의 말씀 _ 요한계시록 22 : 7]

보라 내가 속히 오리니 이 두루마리의 예언의 말씀을 지키는 자는 복이 있으리라 하더라

[찬송 _ 찬송가 35장(통 50장) 1절]

큰 영화로신 주 이곳에 오셔서
이 모인 자들로 주 백성 삼으사
그 중에 항상 계시고 그 중에 항상 계시고
큰 영광 나타내소서

[삶을 나눠요]

내일 주님이 오신다면 무엇을 하시겠습니까? 서로 나누어 봅시다.

마음을 여는 글

어느 날 남편이 아내의 휴대폰 메시지를 보게 되었습니다. 그런데 자신의 이름이 '꼰대'로 되어 있는 사실을 알게 됩니다. 남편은 서운하다 못해 화가 나기 시작했습니다. 그래서 아내에게 "내가 왜 꼰대야?"라고 소리치려 했는데, 그 순간 이런 생각이 들었다고 합니다. "아! 나 꼰대 맞구나! 사람들이 나 때문에 얼마나 피곤했을까?" 그 짧은 순간에 지금껏 꼰대질을 해 온 자신이 낯부끄럽고 미안한 마음이 들었습니다. 그래서 남편은 아내에게 한 걸음 더 친근하게 다갑니다. 그동안 고생했을 아내를 더 사랑하고 잘해 주기로 다짐하면서 말입니다.

말씀 속으로

예수님은 내가 속히 오리라고 말씀하십니다. 내가 조만간 가게 될 것이다도 아니고, 내가 곧 가겠다고 말씀하십니다. 먼 훗날을 기약하며 하시는 말이 아니라 '지금, 현재, 곧'을 말하는 것입니다. 예수님은 곧 오십니다. 그러나 간혹 신앙인 중에 예수님이 다시 오시기를 기다리면서도 지금 곧 오시는 것을 달가워하지 않는 이들이 있습니다. 반드시 예수님이 오셨으면 하는데, 지금 당장이 아니라 몇 년 후나 더 나중에 오셨으면 하는 것입니다. 과연 그들은 예수님을 누구라고 생각하고 있는 것입니까? 과연 예수님이 그들에게 절실히 필요한 분입니까?

예수님이 곧 오심은 우리에게 복입니다

신앙인은 예수님이 다시 오시기를 학수고대하는 사람들입니다. 예수님이 빨리 오셔서 고통과 환란 중에 있는 인류를 구원하시고, 악한 세력을 무찔러 주실 것입니다. 모든 눈물을 닦아 주시고 다시는 사망이 없고, 애통하는 것이나 곡하는 것이나 아픈 것이 있지 않게 하실 것입니다. 예수님이 오시면 어지러운 이 땅이 새로워질 것입니다. 새 하늘과 새 땅을 펼쳐 주실 것입니다. 그렇기 때문에 예수님이 속히 오심은 우리에게 복이 됩니다.

복 있는 자는 말씀을 기억하고 지키는 자라고 말씀하십니다

오늘 본문을 새번역 성경에서는 "…… 주님의 말씀을 기억하여라. 이 책에 기록된 예언의 말씀을 지키는 사람들은 복이 있습니다."(7절)라고 말씀합니다. 하나님의 말씀은 우리를 행복의 길로 이끌어 줍니다. 복이 무엇인지 가르쳐 줍니다. 이 땅이 전부가 아니라, 새 하늘과 새 땅이 있음을 알려 주십니다. 다시 오실 예수님을 기다리는 우리는 하나님의 말씀을 기억하고 그 말씀을 지키고 순종해야 합니다. 말씀은 우리를 바르고 진실되며 복된 길로 인도해 주기 때문입니다.

예수님을 어떤 분으로 기억하시겠습니까? 다시 오실 예수님을 기다리며 말씀에 순종하는 삶을 살아가시기를 바랍니다.

1. 오늘 나눈 말씀 가운데 특별히 마음에 와닿은 구절이나 배움을 통하여 깨달은 점이나 느낀 점이 있다면 무엇이었습니까?
2. 하나님의 말씀에 순종하는 것이 나의 인생을 어떻게 바꿀 수 있는지 말해 봅시다.

생활 속으로

1. 곧 오시겠다는 예수님을 기다리면서 오늘 할 수 있는 일은 무엇이 있습니까?
2. 성경공부를 마친 후 요한계시록을 읽어 봅시다.

시편으로 드리는 기도

시편 25 : 5~7

하나님, 진리로 나를 지도하시고 인도하실 주님을 기억하며 기다리게 하소서. 언제나 긍휼과 인자하심으로 함께하시니 오늘도 주님을 의지합니다. 아멘.

노년을 위한 교육목회 시리즈

말씀 청춘

초판발행 2022년 7월 12일
초판2쇄 2025년 6월 10일

편집인 대한예수교장로회총회교육자원부
총무 전호영
주소 03128 / 서울시 종로구 대학로3길 29 총회창립100주년기념관 7층
전화 (02) 741-4356 / (F) 741-3477
홈페이지 www.edupck.net

발행인 강성훈
발행소 한국장로교출판사
주소 03128 / 서울시 종로구 대학로3길 29 총회창립100주년기념관 4층
전화 (02) 741-4381 / (F) 741-7886
영업국 (031) 944-4340 / (F) 944-2623
등록 No. 1-84(1951. 8. 3.)

요목 교육목회실천협의회 편집 이미숙 김의현
집 필 자 정영택 박봉수 홍정근 손윤탁 문재진 오세원 임정수 유상진 박경수 김한원 김성덕 김주용 김혁
출판편집 이슬기 김은희 이가현 표지 디자인 최종혜 남소현

노년부를 위한 성경공부 시리즈

· 하늘향기 1
· 하늘향기 2
· 하늘향기 3
· 하늘향기 4

· 말씀청춘 Ⅰ-1
· 말씀청춘 Ⅰ-2
· 말씀청춘 Ⅱ-1
· 말씀청춘 Ⅱ-2
· 말씀청춘 Ⅲ-1
· 말씀청춘 Ⅲ-2
· 말씀청춘 Ⅳ-1
· 말씀청춘 Ⅳ-2
· 말씀청춘 Ⅴ-1
· 말씀청춘 Ⅴ-2

· 03128 서울 종로구 대학로 3길 29(연지동, 총회창립100주년기념관) 4층 · www.pckbook.co.kr
· 본사 (전화) 02-741-4381 / (팩스) 02-741-7886 · 영업국 (전화) 031-944-4340 / (팩스) 031-944-2623